高校学术研究论著丛刊

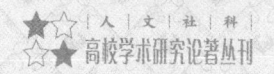

人文社科

"双创"人才培养视阈下大学生创业与就业路径研究

戈化聪 齐 艳 著

中国书籍出版社
China Book Press

图书在版编目(CIP)数据

"双创"人才培养视阈下大学生创业与就业路径研究 / 戈化聪, 齐艳著. -- 北京：中国书籍出版社, 2022.4

ISBN 978-7-5068-8977-3

Ⅰ.①双… Ⅱ.①戈…②齐… Ⅲ.①大学生 – 创业 – 教学研究②大学生 – 职业选择 – 教学研究 Ⅳ. ①G647.38

中国版本图书馆CIP数据核字（2022）第054983号

"双创"人才培养视阈下大学生创业与就业路径研究

戈化聪 齐 艳 著

丛书策划	谭 鹏 武 斌
责任编辑	宋 然
责任印制	孙马飞 马 芝
封面设计	东方美迪
出版发行	中国书籍出版社
地 址	北京市丰台区三路居路97号（邮编：100073）
电 话	（010）52257143（总编室） （010）52257140（发行部）
电子邮箱	eo@chinabp.com.cn
经 销	全国新华书店
印 厂	三河市德贤弘印务有限公司
开 本	710毫米×1000毫米 1/16
字 数	257千字
印 张	16.25
版 次	2023年3月第1版
印 次	2023年3月第1次印刷
书 号	ISBN 978-7-5068-8977-3
定 价	85.00元

版权所有 翻印必究

总　序

马克思主义是照亮我们党航行的灯塔,而马克思主义学院则是守护灯塔的主阵地。加强马克思主义学院建设,对增强与巩固社会主义意识形态的凝聚力和引领力,进一步丰富与发展当代中国马克思主义,打造马克思主义理论教学、研究、宣传和人才培养的坚强阵地意义非凡。2015年,中宣部、教育部印发了《关于加强马克思主义学院建设的意见》(中宣发〔2015〕26号)。根据中宣部、教育部《关于加强马克思主义学院建设的意见》和山西省人民政府《关于实施"1331工程"统筹推进"双一流"建设的意见》(晋政发〔2017〕4号)的精神,中共山西省委宣传部、中共山西省委教育工委结合我省实际,研究制定了《山西省建设重点马克思主义学院实施方案》,并于2017年7月17日联合下发了《关于印发<山西省建设重点马克思主义学院实施方案>的通知》。

2017年10月,经中共山西省委宣传部、中共山西省委教育工委组织专家评审,太原科技大学马克思主义学院与山西大学、太原理工大学、山西财经大学、山西师范大学等四所高校马克思主义学院被评为山西省重点马克思主义学院,并列入山西省"1331工程"予以重点建设。

近年来,在校党委的高度重视与领导下,太原科技大学马克思主义学院得到了较快发展。学院现有专任教师68人,其中教授9人,副教授18人,博士24人。教师中"全国模范教师"1人、教育部"全国高校优秀中青年思想政治理论课教师择优资助计划"1人、山西省学术技术带头人1人、山西省高等学校"1331工程"领军人才1人、山西省优秀中青年拔尖创新人才1人、山西省宣传部宣传文化系统"四个一批"人才2人、"三晋英才"拔尖骨干人才

1人，形成了一支基础扎实、教风严谨，结构合理、充满活力的师资队伍。

学院现有马克思主义理论一级学科硕士点，六个研究生社会实践基地；拥有山西省中国特色社会主义理论研究中心太原科技大学基地、山西省思想政治理论课名师工作室、哲学研究所、山西红色文化研究中心（校级）以及"马克思主义基本原理"、"毛泽东思想和中国特色社会主义理论体系概论"、"中国近现代史纲要"、"思想道德与法治"、"形势与政策"五个教研室。

学院坚持教学与科研并重，教研相长。近年来，学院教师在《哲学研究》《自然辩证法研究》《自然辩证法通讯》《科学技术哲学研究》《复旦学报》《科学与社会》《光明日报》《华中师范大学学报》《思想理论教育导刊》《社会科学辑刊》等国家和省部级刊物上发表学术论文二百余篇。出版学术专著20余部。获山西省社会科学研究优秀成果二等奖3项，第二届全国高校思想政治理论课教学展示暨优秀课程观摩活动一等奖2项，省级教学竞赛思政课组二等奖1项。承担纵横向科研项目110余项，其中国家社科基金项目3项，教育部人文社科项目6项，总经费达265.1万元。

学院一向注重加强和扩大教师国内外学术交流。近年来学院教师参加全国性学术会议达三十余次，两名教师赴美国丹佛大学（University of Denver）、德克萨斯州大学奥斯汀分校(University of Texas at Austin）访学；学院曾邀请北京大学、复旦大学、中国人民大学、中国政法大学、中央财经大学、北京理工大学等高校知名专家学者来校讲学。

回溯过往，在校党委的坚强领导下，太原科技大学马克思主义学院在诸方面取得了长足进步；展望未来，太原科技大学马克思主义学院发展仍任重道远。为进一步推进马克思主义学院的建设与发展，学院从重点马克思主义学院建设经费中拨出部分经费用于资助学院教师在教学研究与学科建设方面研究成果的出版，以期助力学院马克思主义理论学科的高质量发展。

太原科技大学马克思主义学院
二零二二年四月

前 言

大学阶段是每个大学生人生中承前启后的关键时期,是人生中获取能力、积累资源、习得知识的最重要的时期。能找到并很好地保有理想的职业是绝大多数学生和家长的愿望。当前,随着潜心研究职业生涯规划教育与创业就业指导的教师越来越多,更多更新的理论实践成果被应用到课堂教学中来。目前,在我国,大学生的就业形势较以往有了显著的不同。一方面随着国家深入推进结构调整,经济发展进入新常态,大学生势必成为中国产业升级过程中的重要人力资源;另一方面,大学生群体考研率逐年上升、"慢就业"等新现象的出现,使得如何理性地规划自身未来的发展成为重要课题。无论如何,摆正心态、看懂趋势、合理定位、科学选择成为大学生进行职业生涯规划和择业的必要方法。为此,作者经过多年来教学实践的探索和完善,结合当前大学生就业与创业的实际,围绕职业生涯规划、就业指导和创业教育等核心问题撰写了本书,希望能够为当前高校学生的职业生涯规划与就业创业指导提供一些帮助。

本书共有八章。第一章绪论首先介绍了重视适应型"双创"人才培养、"双创"人才培养视阈下大学生创业就业对策,从而为下文的展开做好铺垫。第二章、第三章主要介绍了大学生创业、就业的相关基础知识,如创新、创业及其本质、创业类型与大学生创业能力、大学生创业相关因素,职业与职业发展、大学生职业自我探索、大学生职业生涯规划、大学生择业管理与观念转变。第四章承接上文,重点研究了大学生创业就业的形势与政策保障。在上述章节内容的基础上,第五章、第六章主要针对"双创"人才培养视阈下大学生创业能力、就业能力的发展探索进行研究,以契合本书主题。第七章与第八章是本书的重点部分，主要研究了"双创"人才培养视阈下大学生创业、就业的路径分析。其中，第七章针对完善我国高校创业教育模式与体系、构建创新创业人才培养模式的课程与实践体系、更新创新创业教育的模式与方法、建设创新创业人才培养模式的评价体系等内容展开深入分析。第八章则针对大学生就业指导模式的目标与指导思想、结构体系与组织机构、基本思路、配套措施等内容展开了探索。

全书由戈化聪、齐艳撰写，具体分工如下：

第二章、第四章第三节、第五章、第七章，共12.38万字：戈化聪（太原科技大学）；

第一章、第三章、第四章第一至二节、第六章、第八章，共12.47万字：齐艳（太原科技大学）。

本书谋篇布局及撰写中争取尽可能结构清晰明了，内容丰富翔实，理论明确系统，语言准确通俗，具有全面性、实用性和可操作性等特点。本书在撰写过程中参阅了许多有关大学生职业规划与就业指导方面的著作，同时也引用了许多专家和学者的研究成果，在此向他们表示最诚挚的谢意！由于时间仓促，作者水平有限，错误和不当之处在所难免，恳请广大读者在阅读中多提宝贵意见，以便本书的修改与完善。

作者

2022年2月

目 录

第一章 绪 论   1

   第一节 重视适应型"双创"人才培养   2
   第二节 "双创"人才培养视域下大学生创业就业对策探究   9

第二章 大学生创业概述   13

   第一节 创新基本知识介绍   14
   第二节 创业及其本质   32
   第三节 创业类型与大学生创业能力   37
   第四节 大学生创业相关因素分析   46

第三章 大学生就业概述   49

   第一节 职业与职业发展   50
   第二节 大学生职业自我探索   56
   第三节 大学生职业生涯规划   77
   第四节 大学生择业管理与观念转变   86

第四章　大学生创业就业的形势与政策保障　94

第一节　大学生创业形势与政策保障　95
第二节　大学生就业形势与政策保障　105
第三节　大学生创业就业的谋划　109

第五章　"双创"人才培养视阈下大学生创业能力的发展探索　126

第一节　创新是时代的发展要求　127
第二节　大学生创新能力训练　130
第三节　大学生创业计划的制订　152
第四节　大学生创业的启动流程　156
第五节　大学生创业资源与创业风险　167

第六章　"双创"人才培养视阈下大学生就业能力的发展探索　176

第一节　大学生就业的决策、目标设立与行动计划　177
第二节　大学生就业准备　186
第三节　大学生求职实践　203
第四节　大学生求职权益保护　214

第七章　"双创"人才培养视阈下大学生创业的路径分析　217

第一节　完善我国高校创业教育模式与体系　218
第二节　构建创新创业人才培养模式的课程与实践体系　221
第三节　更新创新创业教育的模式与方法　223
第四节　建设创新创业人才培养模式的评价体系　227

第八章 "双创"人才培养视阈下大学生就业的路径分析　　230

第一节　制订大学生就业指导模式的目标与指导思想　　231
第二节　完善大学生就业指导模式的结构体系与组织机构　　233
第三节　构建大学生就业指导模式的基本思路　　236
第四节　提供大学生就业指导模式的配套措施　　239

参考文献　　243

第一章 绪 论

在全面建设社会主义现代化国家新征程中,职业教育前途广阔,大有可为。习近平总书记强调,增强职业教育适应性,加快构建现代职业教育体系,培养更多高素质技术技能人才、能工巧匠、大国工匠。职业教育是培养技术技能人才、促进就业创业创新、推动中国制造和服务水平的重要基础。高职院校作为创新创业(以下称"双创")教育的重要阵地,担负着培养高层次"双创"人才的主要任务。重视适应创新型国家建设需要的高水平"双创"人才的培养,既是高职院校的主要目标,也是提高人才供给质量的时代要求。

第一节　重视适应型"双创"人才培养

一、重视"双创"人才培养的时代背景

科学技术不断更新，时代变化日新月异，世界发展充满无限契机。在这个变化发展的时代，要保持国家、社会、个人持续快速发展，都需要紧把时代脉搏，积极应对挑战，在全社会培养创新创业意识，鼓励创新创业行为，实现"大众创业、万众创新"。创新创业的浪潮早已卷起，不论我们承认与否，都将面对时代的考题，是随波逐流，还是做时代弄潮儿，作为青年人的优秀代表——大学生，必须做出自己的选择。

（一）宏观环境的转换

1. "互联网+"时代来临

"互联网+"是一种开放思维、合作思维，对于转变经济发展模式、实现产业结构调整具有重要影响，在完善中国经济体系建立与发展过程中起到积极作用。"互联网+"将信息技术与传统行业结合，通过互联网平台进行行业创新发展。这个结合的过程不是简单的跨行业间相加，而是产业间的有效融合和协同发展，实现对传统行业的改造与升级，实现创新发展。2020年

突如其来的新冠肺炎疫情，对于整个社会产生了巨大冲击，但是在极短的时间里我们就在全国范围内进行各种资源的高效配置，实现了对疫情的有效控制，并且逐步推进工厂复工、学校复学等进程，在此过程中互联网技术和互联网思维起到了重要作用。

2. 国家经济战略转型

我国国民经济发展速度长时间维持在8%~10%的增长水平，在这个过程中市场规模不断扩大，经济实力快速提升，综合国力得到很大提高。为了保证经济发展持续向前，实现经济发展由单一高速增长向高质量增长转变，国家大力推进经济转型。经济转型是国家经济发展的必经之路，说明社会经济发展将进入一个新时期；而转型过程中出现的经济发展速度放缓，则能够协调国民经济与商业经济发展速度，更有效地满足社会需求，提高经济发展质量。转型必然要面对新问题，迎接挑战，国家需要优化调整经济结构和经济体制，企业需要创新转变传统商业发展模式，个人必须培养训练创新意识，全社会要敢于用创新创业思维看问题，敢于在变革中尝试创新。

3. 供给侧改革深入推进

供给侧结构性改革会使劳动力供给需求匹配失衡的矛盾凸显和放大，大学生的就业压力在一定程度上增加，而突发意外（如全球范围的经济下行、贸易战、流行疾病、战争等）会使问题更加严峻。但随着产能过剩问题有效化解，资源优化配置、企业发展策略及时调整，改革的红利终将对缓解大学生就业压力起到重要作用。

要实现供给侧结构性改革的目标必须重视创新，特别是要关注科技创新，它对于整个国民经济发展和综合国力的安全稳定提升具有至关重要的作用，而创新的本质就在于培养具有创新能力的人才。完善创新型人才的培养与管理体制，增加创新型人才的培养与供给规模，关系到国家实现快速稳定的发展。

4. 创新驱动战略实施

创新驱动发展战略要求的首次提出是在党的十八大上，党的十九大会议对其进行了深化，它是党和国家高度重视的重要方面，是深化促进我国社会经济发展的关键点。创新驱动发展战略就是国家用科技创新手段，有效支撑、引领我国各产业深化发展，及时转变经济发展方向与发展模式，调整经济结构体系，促进综合国力和核心竞争力同步提升。在创新驱动战略作用下，原有经济发展模式的缺陷得以有效弥补，为社会经济发展提供动力支撑，实现可持续发展。科技创新改变了社会生产生活与经济发展方式，打开了"大众创业、万众创新"的新局面，将经济发展、生态环境保护协调统一，全面推动美丽中国建设进程。

5. 大学生就业市场发生转变

大学生就业市场是以大学生资源合理分配、大学生自身实现高质量就业为目标。在这个过程中高校、企业、大学生三者之间必须建立良好、互动、协作的关系，高校是人才培养与教育产品的供给方，是人力资源供给方；企业是就业岗位提供方与接纳方，是人力资源需求方；大学生是人力资源市场的资源要素，是人力资源活动的参与主体。

大学在招生时就要考虑毕业生的供给数量质量，专业与市场间的匹配，高等教育与社会经济发展需求间的匹配，高校与企业在人力资源供需方面的互动。高校人才培养也要坚持市场导向，提供国家发展战略与市场需求急需人才，推动高校专业设置、人才培养、学术创新、科研攻关等工作。

6. "一带一路"倡议的提出和实施

"一带一路"倡议会给企业带来八大机遇。

机遇一：交通运输业将成为建设发展重点，包括高铁、公路、水路、航运、港口等在内的不同类型的交通工程部门。

机遇二：基础设施建设需求旺盛，沿线城市在工业化城市化时期，基础设施建设的需求非常巨大，企业可利用机遇进一步促进自身发展。

机遇三：文化产业发展潜力巨大，加强与沿线国家的文化交流和合作，促进文化产业的发展。

机遇四：旅游发展将成为新热点，会有很多新的旅游项目和热点，提供旅游服务、开拓旅游项目和市场的企业可以获取这些发展良机。

机遇五：国际贸易将进一步拓展，各种商品在国内外大规模、高速度地交易流通，给从事进出口贸易的企业带来新的机会。

机遇六：金融产业将得到提升机会，出现新的金融组织，提升中国金融业发展水平。

机遇七：资源能源开发与利用迎新机遇，沿线国家相互之间能实现较好的资源互补。

机遇八：生态产业获得新的发展空间，高度重视生态产业的发展，发展海洋产业的合作空间很大。抓住和把握众多发展机遇，需要企业管理者和"一带一路"活动的参与者具备创新思维意识，不断开发新的合作方式与合作空间。

7. 中美贸易战，针对创新提出了更高标准

美国发起的贸易战的主战场是中国的高科技产业，美国对中国价值600亿美元的高科技产品征收25%的关税，预计中国出口将下降217亿美元，同时中国对美国的直接出口将下降6%，还将使中国的出口增加值减少111亿美元，将中国GDP增速降低0.09个百分点（以2017年GDP为基数）。原先因为出口而带动就业的人数将会减少53万人，占2017年总就业人口的0.07%。虽然贸易战短期内会对中国经济发展造成一定影响，但也为中国企业发展提出了新的发展要求，需要改变过去依赖人力资源成本优势发展加工制造业，转变为以科技创新、"中国智造"为主要的高附加值产业发展，成为再次发展的新机遇。

（二）微观环境的调整

创新创业时代已经到来，每一个人必将在这个时代中确定自己的位置，是被裹挟着随波逐流，还是勇立时代潮头，这是我们面对的现实问题。从改革开放到现如今，大学生就业择业观发生过多次改变，直接影响着创新创业的微观环境。

1. 择业方式从统包统分到自主择业，并逐步出现自主创业的趋势

大学毕业生择业就业经历了由国家统包统分到双向选择、自主择业的发

展变革过程。近年来高校招生规模逐年扩大，大学毕业生人数增加，导致就业率下降，就业压力明显加大，这样就影响了就业观念的转变。由过去一次就业及终身就业变为多次就业、自主择业，直至自主创业成为普遍接受的观念。

2. 职业选择从全民所有制单位转向三资企业，再到突破单位性质限制的特点

由于市场环境变化莫测、外部环境不稳定和不确定因素的产生，不同性质的单位面对的压力与竞争也呈现出较大差异，为此大学生择业的单位倾向于国家机关、事业单位、国有企业，其次偏好合资企业、外资企业，而私人企业，特别是中小规模的私营企业处在备选的后部。近年来有30%以上的大学生选择在国有企业、国家事业机关就业，希望获得稳定的工作环境与收入保障。如果社会经济发展持续向好，人们会开始关注生活质量的提高和生活环境的改善，这时就会有更多的人选择创业或自主择业。目前大学毕业生逐渐以"00后"为主，这一代人从小享受较好的物质生活，对个人价值的实现有较强的追求，所以近年来大学生创业人数的规模和比例都在不断上升。

3. 薪金期望由看重职业发展到过分追求高薪，再到追求个人价值的实现

20世纪80年代大学生就业择业，首先看重职业社会地位和专业对口，基本不考虑薪资问题，所以在人才分配过程中主要以专业作为分配依据。随着市场经济的发展，到了90年代择业的标准变为薪酬待遇，大学生毕业后把工资收入作为选择职业的重要依据。进入21世纪初，随着大学招生规模的扩大，大学生毕业人数连年增加，人力资源市场供需关系发生了变化，对于薪酬的态度也发生了改变，1000～2000元/月的毕业生工资，反映出就业心态趋向理性化。以深圳为例，60%的大学毕业生月薪酬标准要求在3000元以下，对于专业对口、职业发展通道顺畅、能够体现自身价值的岗位接受度更宽，"先就业再择业"反映出就业心理渐趋健康，就业心态日渐趋向成熟，不断增加的大学生创新创业活动也说明创新意识、创新思维得到普遍认同。

4. 地域选择从东南沿海到选择更需要的地方或更能体现价值的地方，更加趋于理性

曾经是"孔雀东南飞"，20世纪90年代大学生择业首选东南沿海发达城市，而且热度一直不减。进入2000年后，大学生择业的区域不再集中于东南沿海城市，开始向新兴城市、省会城市和特色发展中心聚集，西安、成都、武汉、杭州等一大批新兴发展中城市，成为大学生就业的首选地域。近几年各地方政府为吸引优秀人才，制定了大量的优惠政策，在薪酬福利待遇、政府补贴、购房优惠、户籍管理等众多方面做了大量工作，从而吸引大学生择业。

二、"双创"人才培养的具体策略

职业教育与经济社会发展紧密相关，天然存在着适应性问题。增强职业教育适应性，要求职业教育必须顺应时代发展趋势，并有一定前瞻性。当前，我国已进入高质量发展阶段，社会结构和生产方式发生了深刻变化，这种变化打破了原来稳定的教育体系，之前与之不适应的内容就必须进行变革。尤其是随着科技的快速迭代发展，一些产业淘汰出局，新兴产业如雨后春笋兴起。随之带来的，是一些岗位和职业内容的巨大变化。因此，职业教育必须通过识变、应变和求变，加强创新型、应用型、技能型人才培养，以改革创新获得适应时代的发展新空间。[①]

（一）激活学生"双创"意识

要通过营造浓厚的"双创"文化氛围，打造"双创"社团，组织开展"双创"活动，以此激发学生的"双创"兴趣，激活学生的"双创"意识，

---

① 吴小平.重视适应型双创人才培养[N].江西日报，2021-12-08（10）.

引领、带动学生积极参与"双创"活动，实施"双创"教育全覆盖。学校要加强顶层设计，出台激励政策和学分置换政策，鼓励学生积极投身"双创"实践，将创新成果与专业知识有机结合，提高学生参与"双创"的积极性。要拓宽交流渠道，以社团组织为媒介，通过专题培训、创业讲座、头脑风暴、"一对一"师友计划等形式，为有创业意愿的学生提供信息共享、合作交流的平台，在互动交流中提升创新思维和"双创"素养。

（二）增强学生"双创"能力

培养更多一流"双创"人才，关键是要建设一支高素质、专业化"双创"教师队伍。要加大"双师型"教师培养力度，注重校内培养与校外兼职相结合，在建设校内专职"双创"教育队伍的基础上，设立一定比例的流动岗位，聘请各行业优秀人才，担任专业课、创新创业课授课或指导教师，同时，择优培养在校生创业典型担任"创业小导师"。要主动适应新形势下高校创业教育发展的需要，建立健全具有"双创"教育特色的专业课程体系，优化"双创"课程设计，实现理论教学与实践教学有机结合，深化专业教育与"双创"教育有机融合，增强学生"双创"能力。

（三）推动学生"双创"实践

积极组织开展各级各类"双创"大赛、搭建"双创"平台是提升学生"双创"实践实战能力的有效方式。要聚焦区域产业行业需求，结合学校特色，打造"双创"竞赛特色品牌，实现"一校一品"。要加大对"双创"大赛的投入力度，从政策、师资和资金等全方位加大支持。要搭建孵化载体、众创空间等"双创"平台，组建创业导师队伍、运营管理团队等；加强"双创"示范基地建设，注重孵化项目质量，加大创业成果转化激励力度，助力学生实现创业梦想。

第二节 "双创"人才培养视域下大学生创业就业对策探究

一、构建可扩充与延展的大学生创业就业指导方案

大学生就业问题受到社会各界的关注，并成为我国急需解决的关乎国计民生的大事。教育作为培养人才的主要阵地，需与现实背景进行对接。"双创"人才培养视域下，高校应构建可扩充、可延展的大学生就业指导方案。根据市场人才需求，动态更新教学内容，并及时融入最新的教学理念与育人经验。

根据学生所选择专业的发展情况，不断地对大学生创业就业指导方案进行优化与完善。必须保证人才培养的灵活性、时代性与指导性，助力大学生真正具备创新创业的能力，以及较强的社会适应能力。扩充性与可延展性，既要体现在大学生就业与创业能力的提升上，还需根据学生的职业发展需求，及时指导他们进行科学的人生规划。教师应对大学生的价值观进行积极引领，确保他们对就业的领域、创业意义等建立正确的认识。

二、构建良好校园环境，激发"双创"活力

创新创业活动的顺利开展与实施需要良好的校园环境氛围，这也是推动

大众创业与万众创业的重要保障。要通过多样化路径把握当下各行业领域创新创业中呈现的具体情况和现实问题，把创业者在创业和创新两个层面的情况区别开来，提出有针对性、可行性的政策措施。

各级政府及相关部门要明确自身职能作用，善于利用现代化技术手段，积极推进政策制度的建设和实施，构建"大众创业、万众创新"的良好政策环境。借助政策红利，优化完善市场环境，简化行政审批流程，加大监督管理力度，提升市场服务的意识与质量，优化和建设创新创业环境，有效促进就业、创业以及创新，激活创新创业的活力。①

三、组织多样化、职业化的"双创"实践活动

实践是强化大学生就业与创业能力的重要手段，更是提升其核心竞争力的过程。高校应组织多样化、职业化的"双创"实践活动，使大学生在不同的职业活动的磨炼与锻炼下，日益提升创新创业能力，并具备进入所学专业领域竞争的关键素养。如教师可组织学生进入企业实习，深度参与企业管理、商业运作、商业直播、营销与推广、产品开发与生产等各项实际工作，使他们的管理能力、团队合作能力、创新能力等获得全面提升。

四、深化人才队伍建设，加强自主创新

创新创业活动中人才是关键，人才驱动是创新驱动的实质，要将人才资源放在"大众创业、万众创新"的关键性位置，要从人才活力激发、人才创业支持、人才体系培育等方面完善对于人才队伍的建设和保障。加大高等教

---

① 王春燕，华霞. 就业与创业指导[M]. 南京：江苏凤凰科学技术出版社，2018.

育发展力度，建立多样化的人才培养模式，营造良好的人才环境氛围，提高对人才的重视程度。

五、利用现代信息技术丰富与扩充教学内容

教育工作者应对教育基本规律、人才培养的现实要求建立理性认知，制订科学的就业创业的实践对策。当前互联网技术被广泛应用到各个领域，高校也要利用技术手段进行变革与创新。教师在挖掘教材知识内涵的同时，应科学地融入丰富、优质的网络视听资源。教师要充分发挥现代信息技术的优势，将行业信息、专业技术、创新创业教育新形态等信息，科学地渗透到大学生就业创业教育中。利用校本教材系统传输就业与创业相关的知识。同时，利用网络平台最新的资讯，拓展学生的视野与就业创业思路。

六、深化探究"双创"新模式

建立创新创业模式是一个改革尝试的过程，也是一个摸着石头过河的过程，更是创新驱动发展战略实施中不可忽视的重要方面，直接关系到创新创业活动能否顺利开展和实施。这个模式的探究，不是某一个主体能够单独完成的，需要各参与者包括政府、企业、创业者等共同参与，要借助现代化技术平台，从理论和实践两个层面入手，探究创新创业新模式。创新创业活动，是一个需要在实践中学习、在实践中总结的过程，所以创业与创新试验区、示范区建设是关键点，要针对地区创业与创新具体情况，把握自身的优势与劣势，抓住发展机遇，大力建设试验区，在先行先试中不断探究创新创业模式机制，从产业转型、产业基金、制度保障、投资体系、方针政策、法律条例、规章制度等方面不断优化。

七、将创新创业教育与学科教育进行深度融合

"双创"人才培养视域下,大学生就业创业的实践,高校需发挥学科融合的作用与育人功能,即将创新创业教育科学地融入各个学科教育中,使学生在潜移默化中形成良好的创新创业意识。在学习专业知识与技术的过程中,系统化地了解创新创业相关的信息与文化。高校将创新创业教育与学科教育进行对接,既可为大学生就业与创业的实践提供不同的平台,还可实现多维度、多层次人才培养活动的开展。教师以学科教育为核心,有针对性地向学生传授创新创业教育相关知识。[1]且以专业技能的提升为关键,做到有的放矢地实践大学生就业创业教育。否则,缺乏专业技能支撑的就业与创业,只会流于形式,并不能真正帮助学生提高就业机会与成功创业的概率。教师基于创新创业教育,强化大学生创新创业意识的过程中,应注重夯实他们的理论基础、专业技能、学习能力等,为他们未来良好就业与科学创业注入动力。

因此,高校必须分清教学主次与重点,做好创新创业教育与专业教育融合的工作。充分保证学生打好学科基础的前提下,引导他们进入不同的场景与活动中进行就业创业实践。教师应培养学生实务创新创造的技能,并引导他们有意识地创新工作模式与流程。学生只有具备良好的创新创业能力,才能获得更多创业就业的机会与发展平台。

---

[1] 朱爱胜. 大学生就业与创业导论[M]. 北京:高等教育出版社, 2008.

第二章　大学生创业概述

任何一个国家的发展,在一定程度上而言都离不开创业这一动力的支持。创业创造了光辉灿烂的人类文明,创业还将创造光明美好的未来。可以说,没有任何一种单一的社会经济的推动力量,能像我们正在面临的这场创业革命那样,在21世纪以至未来更长的时期,深远地影响并将完全改变人类生活、工作、学习和发展的方式。

第一节　创新基本知识介绍

一、创新概述

（一）创新的内涵

创新是指以现有的思维模式提出有别于常规或常人思路的见解为导向，利用现有的知识和物质，在特定的环境中，本着理想化需要或为满足社会需求，而改进或创造新的事物（包括产品、方法、元素、路径、环境），并能获得一定有益效果的行为。

创新概念包含的范围很广，可以说各种能提高资源配置效率的新活动都是创新。其中，既有涉及技术性变化的创新，如技术创新、产品创新、过程创新；也有涉及非技术性变化的创新，如制度创新、政策创新、组织创新、管理创新、市场创新、观念创新等。

（二）创新的特征

创新是社会进步的动力，是事业兴旺的阶梯。创新是人类特有的活动，是有规律的实践活动，也是突破性的实践活动。创新具有以下几个方面的特征。

1. 目的性

任何创新活动都有一定的目的，这个特性贯彻于创新过程的始终。

2. 变革性

创新是对已有事物的改革和革新，是一种深刻的变革。

3. 新颖性

创新是对现有的不合理事物的扬弃，革除过时的内容，确立新事物。

4. 超前性

创新以求新为灵魂，具有超前性。这种超前是从实际出发、实事求是的超前。

5. 价值性

创新有明显、具体的价值，对经济社会具有一定的效益。

（三）创新的重要性

我们此处谈论创新的重要性，更多的是说培养创新思维的重要性，有了创新思维才有创新的产物——创新商品、创新服务或者一种创新思想。创新是宝贵的，它帮助我们随时可以根据实际形势应变；创新是解决方案，是答案，是面对难题时的法宝；创新是迭代更新，无数的创新推动着社会的进步。

1. 创新可以应对多变的挑战

You Can See It 的作者曾说过，现在的小学生，大多数人未来要从事的工作，现在还没有诞生，意思是社会发展变化，而且是飞速发展，快到15~20年离开学校后，他们面对的就业环境，跟现在相比会有很大的变化。特别是互联网、人工智能、5G等新技术与传统产业融合后，许多纯粹重复劳动的岗位，慢慢被机器所替代，那么毕业生去往哪里？比如金融类专业的

毕业生有一部分去往银行从事柜员的工作，有了人工智能以后，如开卡业务，原本需要客户先填好单子，然后由银行柜员根据客户申请单信息，完成银行内操作系统的填写，完成后，会将客户信息记录到一张新的银行卡上，系统完成流程后，新卡交给客户即算完成开卡。而如今，我们去很多银行，一进大门，客户经理会问你，需要办什么业务，如果是开卡和存款类的简单业务，他们就会引导你去智能机器处办理，这样可以节省客户的排队时间，提升服务效率，也会减少相应岗位的人员需求，也意味着减少了银行在人工雇员部分的成本，完成了低技术含量岗位上机器对人的替代。

所以15~20年前人工智能没有像今天这样普及时，要培养一群孩子未来在金融行业从业，和今天2020年培养一群孩子未来在金融行业从业，学校的课堂教的一样吗？如果纯粹只是教书本上的知识，如果只是考核记忆能力，那么课堂内容肯定是不同的，因为他们所处的时代发生了变化。如果培养的是一种创新思维，比如遇到什么问题，现有什么条件和资源可以利用和转换，现有的条件是否够解决，当无法解决时，为什么不能解决，难点在哪里，需要引入什么新方法、新技术、新思路或者其他新元素，那么这种思维应该能适应任何时代，因为它可以面对变化的问题，时代在变化，变化着的时代中各种问题层出不穷，当已有的方法无法适应新的变化的时候，永远需要新思路、新方法，创新可以面对动态的问题和挑战。

"十四五"时期是我国抢占全球信息技术科技创新制高点和推动自主软件系统规模化应用的重要交汇期，如何在贸易摩擦升级、地缘政治冲突加剧、新冠肺炎疫情持续的复杂外部形势下，系统地解决当前我国软件产业发展仍面临的关键技术受制于人、软件人才缺口较大、原创性成果应用不足、软件价值评价机制缺失等一系列问题，加快构建以国内循环为主、国内国际互促双循环为辅的新格局，需要在推动我国软件产业实现高质量发展时采取新的促进思路。

2. 创新是以开放面对变化和挑战

"我们没有做错什么，但是不知为什么，我们输了"，这是诺基亚CEO约玛·奥利拉说的一句话，后来被广为流传，成为各个行业强调趋势的经典案例。2011年，由于长期坚守塞班这个封闭的智能操作系统、不与安卓系统合作等原因，诺基亚手机被苹果和安卓系统超越，错失世界第一的宝座。最终在2013年，微软以约70亿美元的价格收购了诺基亚的手机业务和相关专利，是这个创建于1865年的百年企业退出手机业务的最后一幕。

3. 创新是面对时代变化的武器

时代是隐形的变速器，同频则是加速器，脱颖而出，就如同小米董事长雷军那句话"站在风口，猪都能飞起来"，逆势则是减速器，速度越来越小，甚至倒退，当毫无价值时，则会被淘汰。道理很简单，然而难处就在于，如何分析趋势、把握趋势。2000年前后诞生了一批中国最早的互联网公司，阿里巴巴、腾讯、百度、网易、搜狐等，它们把握住了第一波中国互联网的趋势，就在许多创业者想成为第二个阿里巴巴、腾讯、百度、网易、搜狐的时候，有三个年轻人，在互联网领域开辟了另一番天地。2010年，1979年出生的清华毕业、经历过数次创业的王兴创建了美团网，开辟了互联网下本地生活服务的新领域，并且在"百团大战"中成功突围；2012年，1983年出生、29岁、南开大学毕业的张一鸣创建了今日头条，发布了这款互联网下基于数据挖掘的信息服务产品，从上线到拥有1000万用户只用了90天，其后觉察到移动互联网的趋势，创立的抖音（包括国际版Tiktok）等产品都是互联网场景下开发的应用；2012年，1983年出生的29岁的程维从支付宝辞职创办了北京小桔科技有限公司，经过3个月的准备与司机端的推广，在北京上线了滴滴打车。这三个年轻人，在2010年前后，看到了移动互联网的趋势，顺势而为推出了新移动端应用，打开了移动互联网市场。

面对趋势，不同的人会有不同选择，如何面对新趋势下的新问题，如图2-1，上述所提到的诺基亚手机业务面对互联网的挑战，选择因循守旧，疲于应付，最终悲壮地出售了自身的手机业务；而苹果公司，从2007年开启触控时代，到后来app store、FaceTime、指纹传感、无线充电等，每一次苹果发布会，就是一次科技创新的展示会，不断地提升消费者的用户体验，用技术创新满足新需求，引领新需求。而这背后的底层逻辑是，创新思维是成长性思维，它能不断自我迭代，随时代而变。面对新的任务和挑战时，会根据形势变化做出新的调整，顺势而为。

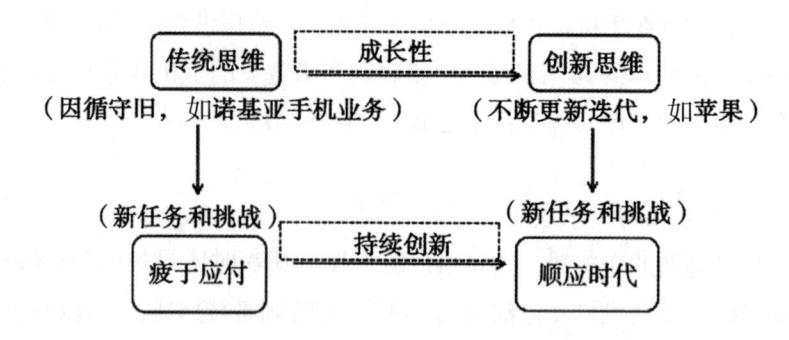

图2-1 传统思维和创新思维

4. 创新是解决方案

何为创新，为何创新，就像前面所说，金融行业在互联网时代、人工智能、大数据下面临深刻变革，如果原来的柜员岗位被机器所替代，原本在银行柜员岗位的员工，他们面对行业变革，他们的选择是什么，他们的出路在哪里？如果什么都不动，面对行业形势变化无动于衷，那很可能在机器换人的趋势下，被银行辞退，被行业所淘汰，他们面对困境，他们该怎么办，出路在哪里？解决方案在哪里？——顺应变化，求变创新。

为什么银行会用机器替代一些行员，是所有类型的银行行员都被替代吗？并不是，他们为什么有些会被替代，有些不容易被替代，被机器替代的行员是因为什么原因？重复劳动，低技术含量的劳动，机器可以替代并且可以提高效率的岗位，也就是机器可以学习人的行为，从简单行为到复杂。原本的工作方法过于陈旧？原本的工作路径太过死板？原本的工作模式太容易被替代？如何应对？尝试用新的工作方法，看看能否提高效率，看看能否提供更好的柜面服务；尝试新的工作路径，改革流程，看看能不能有新的服务效果；尝试改变原本的工作模式，既可以提高工作质量，又可以不被替代。尝试是什么？是改变原有的模式，看看有没有更好的状态，是解决问题最为主要的方式。

创新源于现实问题亟待解决，是文明进步的迫切需求。2020年年初，新冠肺炎疫情出现，为了控制疫情，1月23日10时起，即对湖北省武汉市人员流动和对外通道实行严格封闭的交通管控，离汉通道关闭，全国各地春节假

第二章　大学生创业概述

期延长，武汉和湖北地区以外省份的很多小区和交通设施都采取了封闭管理和相关隔离措施。企业停工停产几乎是给经济运营按下了暂停键，封闭使外地员工不能及时到岗，使大部分企业经营处于停滞状态，对经济影响极大。国内企业纷纷为应对疫情出谋划策，旅游业龙头企业携程的董事局主席梁建章在2月6日通过微信、微博发了一篇《我们需要一个防疫app》的文章，建议利用移动互联网技术开发一个相应的程序，在当时还只是一个想法和提议。其实国内互联网企业阿里巴巴的技术团队也在为类似的想法攻克难题。2月9日，杭州余杭区和支付宝合作率先推出了健康码，这款2月5日凌晨上线的阿里最快产品，每隔半个小时就更新迭代一次，几天后即与政府合作，并将健康码推广至浙江全省，而后是全中国，通过绿（可正常通行）、黄（须实施7天隔离）、红（须实施14天隔离）的分类辨识人群的实时健康状况，使得防疫工作可以全面开展，并且不耽误复工复产。

在关键时候的健康码创新，成为新冠肺炎疫情时期，做到不同人群分类管理的解决方案。提供解决方案始终是创新的根本任务，互联网时代下，科学技术的创新为推动时代进步的重要手段，特别是解决经济社会发展和民生改善的现实问题，比过去任何时候都更加需要科学技术解决方案。部分关键元器件、零部件、原材料依赖进口；油气勘探开发、新能源技术发展不足；人民对健康生活的要求不断提升，生物医药、医疗设备等领域科技发展滞后问题日益凸显……这些体现国家急迫需要和长远需求的实际问题，必须向科技创新要答案。解决这些问题的过程中，既需要科技力量挺身而出，同时也会提供科研选题、技术攻关的"题库"和舞台，牵引新突破和技术进步，在整个过程中始终坚持需求导向和问题导向。

5. 创新能够推动人类进步

回首历史，是人类历史上一次又一次的创新，推动了社会的发展和人类的进步。18世纪，蒸汽机的创新发展引发了第一次产业革命，导致了从手工劳动向动力机器生产转变的重大飞跃，使人类进入了机械化时代；19世纪末至20世纪上半叶，电机和化工的创新发展引发了第二次产业革命，使人类进入了电气化、原子能、航空航天时代，极大提高了社会生产力和人类生活水平，缩小了国与国、地区与地区、人与人的空间和时间距离，地球变成了一个"村庄";20世纪下半叶,信息技术的创新发展引发了第三次产业革命,使社会生产和消费从工业化向自动化、智能化转变,社会生产力再次大提高,劳动生产率再次大飞跃;21世纪初,物联网、互联网、新材料、能源革命、医学革命、新金融、人工智能、智能汽车、航天航空等领域的创新发展引发的第四次革命将在未来的十几二十年产生深远影响。

创新往往是基于已有发明的改造、升级和重塑,从而不断适应当下的社会发展,应对不同时代的机遇和挑战。苹果在iPod上取得的利润和市场地位,为后来iPhone上种种尖端技术的研发打下了基础,而iPod本身也成为iPhone项目初期的参考和借鉴对象。2004年iPhone项目正式立项,2007年1月9日苹果公司创始人乔布斯在旧金山的年会上宣布推出iPhone,自此触屏移动智能手机拉开了改变人类历史的序幕,也是创新推动人类进步的经典案例。

自2007年起,全世界的手机市场进入了移动互联网时代,人们的生活方式也因手机而改变——手机不再是接打电话、信息联络的简单工具,它可以是一个用户移动客户端口,是集合了电脑功能的微型机器,并且,伴随着用户需求和技术革命,还有一项重要的发明,依托于智能手机诞生了——它就是移动支付,我们在支付时,已经不需要从卡包里拿出银行卡、现金,只需要打开手机,甚至可以只需要人脸识别。自此,我们真正可以用手机打开世界的大门,用手机购物,用手机出行(坐公交、高铁、飞机、打车、骑车),用手机阅读电子书籍,观看电影电视,用手机娱乐,用手机办公学习,等等,只拿着一台手机就可以出门。

创新更新了生产工具和生产技术,劳动者为适应生产不断提高自身素质,思维方式不断更新,形成了先进的制度、科技,推动了社会生产力的发展。创新是对真理的发展、对实践的推进,是社会发展和进步的动力。

(四)创新的影响因素

创新因何而生?什么因素影响着创新?创新就是不断挑战、改变过时的思维定式,用一种新方式去思考与行动,张杰等(2007)认为制造业企业活动的创新因素除了品牌、企业家背景、人力资本、行业与地区相关因素,与

第二章　大学生创业概述

企业规模、企业创新投入强度、出口因素、产品更新换代等都有关联；李政陆（2014）指出国有企业通过有关体制与机制的创新，创新动力可以有效增强，创新效率可以大幅提升；李云（2020）指出民营企业创新的核心要素是企业家特质、企业内生资源、技术创新能力、创新管理体制；沈国兵、袁征宇（2020）指出互联网对企业创新的促进作用，无论是在中小企业、低生产率企业、垄断行业还是低技术行业效果都是显著的。

创新的影响因素有许多，接下来将从创新的动力来源、创新的文化氛围，探究创新如何受到上述这些不同因素的影响。

1. 创新的原动力

新问题的解决方案和新奇内容不是凭空产生的，创新来源于对困境的求生欲。讨论创新的影响因素，最大的影响是从无到有，创新的动力是什么，因何而改变，为何而创新。颠覆性"创新之父"克莱顿·克里斯坦森教授在他的著作《创新的窘境》中总结——"成功的公司停步不前，最后失败，因为它们有一些事情没有做对"。这句话中透露出几个信息，一是成功的公司，指的是曾经占领过市场，有一席之地，甚至有话语权的公司；二是最后失败，意味着没有能够长期存在，保持已有优势；三是它们有一些事情没有做对，指明了公司最后失败的原因，其实是没有能够找到持续成功并保持优势的方法或者路径。正如书名所指，创新往往是在困境下发生的，那么自然而然，创新的动力之一是在直面困难时，一次次试图突破窘境。除了企业会面临窘境，历史上的不同民族、国家也不乏遭遇危机的时刻。比如以色列自然资源匮乏，但是水资源利用技术、太阳能开发技术、绿化沙漠技术使资源紧缺的问题得到有效缓解，并以创新强国在世界范围内创造了无数奇迹。

企业要生存往往需要伴随着时代的变化且需要持续创新，绝大多数企业都面临产业周期，为了生存而选择持续创新模式以应对不同的机遇和挑战。举个有趣的例子，世界上最古老的企业——日本的金刚组，成立于公元578年，原本专注于木结构的建筑，但到了20世纪80年代，公司将业务延展到房地产，而后因市场竞争激烈，公司经营不善，几近倒闭，最后不得不交出了公司的经营权。金刚组的企业发展模式粗看可分为两段，一段是专注于做木结构建筑的1000多年，木柱和横梁的接驳关节没用一颗钉子，用世代传承的古法，专注于自己的强项并忠于自己的赛道，再加之家族体制传承发展，用工匠精神将持续专注转换为一种企业持久的生命力，使其成为全世界历史最悠久的企业；另一段是20世纪80年代开始做房地产的几十年，多元化发展房地产即想尝试随时代而改变企业的发展模式，但最后受到房地产市场影响，只能渐渐被市场所淘汰，面临千年企业终结的命运。1000多年的聚焦和专注是一种自我渐进式的革新，而近几十年转战房地产则是在面临不同时代形势下，接班人一种突破原有模式的创新，"它只是有些事情没有做对"，而没能够持续成功。这两个时期的金刚组，一种是用精益求精的技术保有在不同年代造好木结构建筑的能力，另一种是涉足不同领域，以进一步寻求发展和突破。

创新源于对消费者需求的持续满足。克里斯坦森在他的另一本书《创新的任务》中用"用户目标达成理论"来揭示创新的主要任务，即不是盲目的冒险，而是基于对客户现有或未来需求探索后的持续尝试，也指出了创新的动力是为了不断满足客户的需求。如阿里巴巴集团创始人马云曾说"阿里巴巴的使命是让天下没有难做的生意"。帮助中小企业降低运营成本，减少租金投入，及时找寻到客户，并且通过数字支付让投融资更便捷，是阿里持续在减少"难做生意"的阻碍；再比如2016年网易创办的"网易严选"品牌，则是强调"以严谨的态度，为天下消费者甄选优品"以及"好的生活，没那么贵"，这是基于网易公司对于中国消费者寻求美好生活消费升级的深刻洞察，在供应链上的优化创新——深入供应链上游，在严格筛选知名制造商后，通过大数据对当下年轻人的真实需求喜好进行分析、判断，并向上游生产工厂不断反馈、交互信息，再按照中国消费者实际需求重新改良、再造商品，并与京东物流合作，最终提供极具性价比的商品和服务。

2. 创新的文化

创造性活动往往根植于它产生于其中的文化环境，有了创新的动力，还要依靠创新的文化营造创新的氛围，才能使得创新有土壤生根发芽。如以色列创新成功要归结于犹太文化几千年的沉淀，从教育和反思中获取力量，始终保有一种危机意识，在极具困难的情况下建设国家，创造奇迹，民族紧密团结以及丰富的多元化，正是这种国家包容创新的氛围，使得以色列始终保持在全球创新领域的前列，2019年以色列在全球创新指数（Global Innovation Index）中排名第10，并且在创新中的投资相对较少（此项指标排名第17位），但是创新产出能力较强（此项指标排在第8位），也就是以色列的产出投入比较高，创新成果较为突出，本土科学家获得诺贝尔奖人数已达8人。国家虽小，高科技新型产业发达，科技对GDP的贡献率高达90%以上，究其根本是具有一个开放、多元、充满活力的创新生态体系，政府、学术界、军方和商界四方关联互动，形成了"创新投入—卓越人才—杰出成果—融资转化"的良性格局。这不仅仅是一种创新机制，更是包容理念下重视科研、科技创新、科技兴国的国家文化。

　　文化传统因素往往成为研究者考察国家间组织能力和制度能力差异根源的重要切入点，因为这种差异会在很大程度上导致国家间综合竞争力的差异。2020年1月，中国青年创业就业基金会与中国恒大集团旗下的恒大研究院联合对中国青年创业现状开展调研，并发布了《中国青年创业发展报告（2020）》，其中也统计总结了青年创业的动机，人数最多的动机是为了追求理想的生活方式（占比为40.7%），其次是解决就业，然后是追求财富和声誉，比例较小的是为了改变世界和贡献世界，这部分反映了一个国家青年的理想和追求，虽然创业本身也是企业家精神的一种体现，但仍然可见社会服务意识、责任意识在青年创业者身上体现较少，过多地强调了个人意识。目前我国国际专利申请量已跃居世界第一，但是如此庞大的成果能否应用于社会发展真实场景并能应用于工业生产仍是较大难题，除了技术或资金因素，更多的是文化的因素。

　　中外创新型企业的公司几乎都是以"客户为中心"，强调"责任"，并努力"追求卓越"，随着时代变化，客户的需求会变化，企业"以客户为中心"就要不断优化客户体验，以手机为例，运行速度、续航能力、相机像素等这些功能，手机企业需要不断创新技术，使得手机使用更为便捷，功能更为强大，这就需要企业"精益求精"的文化；再比如说责任意识，这与企业的核心价值观紧密相连，网易严选在2020年初疫情最严峻、口罩价格飞涨的困难时期，以平价推出了口罩专供服务、复工复产企业防疫物资专享服务，后续还推出了专供复学的儿童口罩，4月份针对服装鞋类企业推出了扶持政策，帮助企业渡过难关，是支援武汉、抗击疫情响应最及时、动作最迅速的企业之一，体现出企业在国家特殊时期所肩负和履行的企业社会责任；"追求卓越"需要体现在产品和服务的高品质、高质量，引领行业发展的特质，这就意味着要接受时代变化、产业变革、企业转型升级所要面临的不确定性和挑战，甚至要有一种冒险精神，需要有一种包容开放进取的企业文化。

表2-1　国际创新型公司的核心企业文化

公司名称	国别	核心企业文化
谷歌	美国	激励员工、信息共享、支持创新
脸书	美国	持续迭代、问题解决、连接全球
亚马逊	美国	做领导者与创新者、以顾客为中心、乐于冒险
迪士尼	美国	创新、品质、共享、故事、乐观、尊重
网飞	美国	自由、责任、追求卓越
美国职业篮球联赛	美国	诚信、协作、尊重、创新
丰田	日本	至诚服务、研究创造、引领时代、质朴刚毅、团结友爱、知恩图报
三星	韩国	人才第一、追求卓越、引领变革、正道经营、合作共赢
华为	中国	客户中心、自我批判、权责分明、奋斗为本、合理分配、同甘共苦、交流共赢
百度	中国	简单可依、尊重人才、结果导向、追求极致、合作交流、创新求实
腾讯	中国	用户为本、科技向善、正直进取、协作、创造
阿里巴巴	中国	客户第一、舍我其谁、认真生活、快乐工作、信任、求变、乐观
中兴	中国	诚信、顾客至上、不断学习
OPPO	中国	本分、用户导向、追求极致、结果导向
中国建筑	中国	诚信、创新、超越、共赢
海康威视	中国	成就客户、价值为本、诚信务实、追求卓越

（资料来源：鲁知先《中国创新危机的破解与创新文化培育》，2019年）

从表2-1中可见，以上的16家公司的文化中创新被放在最为关键的位置，各个公司的核心文化中都有提及，如谷歌强调创新，脸书要求持续迭代，亚马逊要做领导者和创新者，并且乐于冒险，迪士尼指明要"创新"，网飞是"追求卓越"，美国职业篮球联赛强调"创新"，丰田是"研究创造，引领时代"，三星是"追求卓越，引领变革"，百度是"追求极致，创新求实"，腾讯是提倡"创造"，阿里巴巴鼓励"求变"，中兴要求"不断学习"，OPPO也是"追求极致"，中国建筑是"创新、超越"，海康威视是"追求卓越"，而华为公司虽在图表的表述中强调奋斗、同甘共苦，华为的"狼性文化"一直被大家所熟知，而狼性强调奋斗、团结，学习和创新才有敏锐的嗅觉。华为总裁任正非多次以水资源贫乏的以色列改革创新举例，鼓励员工在没有资源的前提下打破困局，创造资源。

　　创新需要一种文化氛围，这种氛围下是鼓励创造，鼓励变革的，但它更是允许试验，允许冒险，允许失败的，因为试验了，冒险了，失败了，才会去思考为什么已知的方法无法解决现有的问题，是对问题的认知不对还是解决问题的方法不对，才有机会发现未知的问题，找到新方法，找到突破口，产生新的创造，才有创新。1982年，曾在著名咨询公司麦肯锡工作的汤姆·彼得斯和罗伯特·沃特曼通过对美国43家在当时最优秀的企业进行访谈后，总结出优秀企业的八种品质，并撰写了《追求卓越》一书，该著作至今销量已超过1000万册，广为世人所知。但是在21世纪初，也就是该书出版的20年后，《福布斯》对原书中的43家企业再次调查时，发现绝大多数的企业经营绩效已经低于同行业平均水平，作者彼得斯对此的解释是世界变化太快了，要追求卓越就要持之以恒，但是持之以恒又会站在"变革""冒险""创新"的对立面，所以总结出所谓规定的几种品质，可能就隐含着将卓越变成了一种固态，而保持卓越一定是包含一种不断变化、持续变化的创新，因此一家有创新意识的公司文化中，一定是可以包容各种尝试性的改变，而改变有可能更好，也有可能不好，在乐于看到好的改变的同时，也能包容试错，才能保有持续领先的创造力和生命力。

二、创新与创业

（一）创新与创业有着本质上的契合

创新是生产要素和生产条件的一种新组合，这种新组合能够使原来的成本曲线不断更新，由此会产生超额利润或潜在的超额利润；创业是主体的一种能动的、开创性的实践活动，本质上是人们的一种创新性实践活动。由此可见，二者在本质上具有一致性和关联性。

（二）创新是创业的源泉

创业者只有在创业过程中保持旺盛的创新思维和创新意识，才可能产生富有创意的想法或方案，才可能不断寻求新的模式、新的出路，最终获得创业的成功。

三、创新思维

（一）创新思维的含义

所谓创新思维（或称创造性思维），就是以创新的意识、开放的心态突破各种思维定式的束缚进行思考，并产生创新成果的思维。简明地说，就是不受现成的、常规的思路约束，寻求对问题全新的、独特的解决方法的思维过程。

这里所说的创新成果，主要是指对事物的新认识、新判断和解决问题的新方法、新途径等"思维的创新产物"。创新思维不是一般性思维，它不是单纯依靠现有的知识和经验进行抽象和概括，而是在现有知识和经验的基础上进行想象、推理和再创造，对前人尚未解决的问题进行探索、寻究、找出新答案的思维活动。

（二）创新思维的类型

创新思维是指以新颖独特的方法解决问题的思维过程，通过这种思维能突破常规思维的界限，以超常规甚至反常规的方法、视角去思考问题，提出与众不同的解决方案，从而产生新颖的、独到的、有社会意义的思维成果。创新思维是可以被描述并被学习掌握的，人们在实践中会运用到各种各样的创新思维。为了便于学习，我们把它们分成若干类型，下面将对六类（三对）常见的创新思维进行介绍。

1. 逻辑思维

逻辑思维也称抽象思维，是人们在认识活动中运用概念、判断、推理等思维方法，在对事物进行分析、综合、比较、概括的基础上，抽取事物的本质属性，撇开事物的具体形象与非本质属性，使认识从感性阶段进入理性阶段的一种思维模式。逻辑思维的基本单元是概念，基本思维方法是抽象，基本表达工具是语言和符号。在人类的认识活动中，逻辑思维具有极为重要的作用。人类在实践活动中形成的感性认识，必须通过抽象思维才能去粗取精，去伪存真，由此及彼，由表及里，达到对事物本质的认识。只有对事物的内在联系和规律的认识，即理性认识，才能真正推动人类的进步。

2. 形象思维

形象思维又称为直接思维，属于感性认知活动。形象思维是以具体的形象或图像为思维内容的思维形式，它是人的一种本能思维。人一出生就会无师自通地以形象思维方式考虑问题，例如儿童认识事物和看图识字，都是运用形象思维来进行的。形象思维具有普遍性，人人都有，人人都用。在日常的生活、学习和生产活动中，形象思维一直起着重要作用，认识客观世界、与人交往，首先使用的常常是形象思维。例如，在与陌生人打交道时，会注意他的举止行为和音容笑貌，从而考虑如何接待与应对。[①]

创新活动不能完全依靠形象思维。由于形象思维对问题的反映是粗线条的，对问题的把握是大体上的，对问题的分析是定性的或半定量的，形象思维通常用于问题的定性分析，而抽象思维则可以给出精确的数量关系。在实际的思维活动中，往往需要将抽象思维与形象思维有机结合，协同使用，才能更好地使创新活动获得有效的成果。

3. 发散思维

发散思维也叫扩散思维、辐射思维，是一种在思维过程中，从所要解决的问题出发，不墨守成规，不拘于传统，突破习惯和经验的束缚，呈现一种扩散状态，求得多种解决方案的思维方法。通俗地讲，就是从一点到多点的思维方法。发散思维可以使人思路活跃、思维敏捷、办法多而新颖，能提出大量可供选择的方案、方法或建议，从中可以得到新奇独特的见解，从而能够创新地去解决问题。

4. 收敛思维

收敛思维也称集中思维，是指在解决问题的过程中，尽可能利用已有的知识和经验，把众多的信息逐步引导到条理化的逻辑程序中去，以便最终得到一个合乎逻辑规范的结论。收敛性思维包括分析、综合、归纳、演绎、科学抽象等逻辑思维中的思维形式。通俗地讲，收敛思维是指，以某个思考对象为中心，从不同的方向和角度，将思维集中指向这个中心点，利用已有信息，寻求唯一正确方案，以达到解决问题的目的。

发散思维和收敛思维，在思维过程中是相辅相成、互为补充的。发散是收敛的前导，收敛是发散的归宿。创新思维一般是先发散而后集中。在解决问题的早期，发散思维起着主要作用，而在解决问题的后期，收敛思维则扮演重要角色。人的思维往往需要经过多次反复的发散和收敛，才能最终整合出满意的创新方案。

---

① 周晓宏. 就业·创业·成功：大学生必读[M]. 北京：中国劳动社会保障出版社，2003.

5. 求同思维

求同思维是指在各种不同事物或现象中寻找某种相同或相似的特点或因素，从而发现其中某些共性，进而认识事物之间相似规律的思维形式。人们要创新，就必须善于从复杂多变的万象之中，去发现那些相同或相似的共性因素，即认识事物之间的相似规律。求同法能帮助我们发现不同事物或现象之间的某些共性，进而认识"事物之间所共通的相似规律"，并能为我们提供找到现象原因的线索，了解现象中的因果联系，所以，在科学研究和日常生活中经常被人们所应用。

6. 求异思维

求异思维是一种在思维活动中克服思维定式，突破常规，标新立异，寻求用奇异独特、与众不同的方法解决问题的思维模式。人们在认识客观世界的过程中，求异思维实际上是一种十分普遍的思维方式。我国古代的"曹冲称象""明修栈道，暗度陈仓"等历史故事，就是启示人们要克服思维定式，用求异思维去解决问题。当今是个性化需求的时代，要求实行差异化战略、个性化发展，而这正是求异思维的本质要求。

四、创业精神

（一）创业精神的本质

创业精神是创业者在创业过程中具有开创性的思想、观念、个性、意志、作风和品质等重要行为特征的高度凝练，主要表现为勇于创先、敢担风险、团结合作、坚持不懈等。创业精神是创业者毕生追求的人生态度、价值取向、工作作风和生活方式，并始终贯穿于整个创业过程。

创业者是早期的企业家，从这个意义来说，创业精神是企业家精神最本质的内容。正是这种精神，使得创业者敢于承担风险，开拓创新，实施创业活动。创业精神主要体现在以下几个方面。

1. 创新

创新精神是创业活动最基本的一个层面，是创业者必备的一种素质。熊彼特认为，创业者和企业家是从事创造性活动的创新者，凸显了创新精神的重要意义。他指出，一个企业最大的隐患，就是创新精神的消亡。创新必须是创业者和企业家的本能。但创新不是"天才的闪烁"，而应该是创业者和企业家艰苦工作的结果。创新是创业活动的典型特征，包括产品创新、技术创新、市场创新以及组织形式创新等。创业者具有创新精神，才可能创建新颖独特的企业，开发出具有市场潜力的产品或服务，保持特色和可持续发展。

2. 冒险

冒险精神是创业者为达到创业目标敢于承担风险的气魄和胆略，是创业者在创业活动中必不可少的心理条件。没有敢冒风险和承担风险的魄力，就不可能成为创业者。无数创业者的经历证明，创业者虽然生长环境、成长背景和创业机缘各不相同，但无一例外都是在诸多不确定性因素条件下敢为人先、勇于创新的实践者。

3. 契约

契约精神是商品经济社会派生的契约关系与内在的原则，是一种自由、平等、守信的精神。契约精神是现代文明社会的主流精神，在民主法治的形成过程中有着极为重要的意义。创业者从事的是具体的创业活动，这种创业活动同样需要契约精神的支撑，主要体现在平等协商与诚信合作。

4. 合作

团队合作精神，简单来说就是大局意识、协作精神和服务精神的集中体现。团队合作精神的基础是尊重个人的兴趣和成就，核心是协同合作。社会发展至今天，行业分工越来越细，创业活动也早已告别单打独斗的年代，没有谁能一个人完成创业需要完成的所有事情，更多的要依靠集体的智慧和团队的力量。真正的创业者善于合作，能将合作精神扩展到团队的每个成员或企业的每个员工，使整个团队或企业形成一种合力，在遇到困境时能团结一心，奋力拼搏。

当然，除了以上四点，创业精神还包括执着、务实、自主、坚持不懈等。

（二）创业精神的培育

高校是培养大学生的主阵地，创业精神的培育、创新创业离不开高校。高校应采取一系列创新举措，助力创业精神的培育。

1. 加强创业教育

创业教育被联合国教科文组织称为教育的"第三本护照"，被赋予了与学术教育、职业教育同等重要的地位。创业教育的宗旨在于培养学生的创业技能与开拓精神，以适应全球化、知识经济时代的挑战，并将创业作为未来职业的一种选择，转变就业观念。它不仅传授关于创业的知识与能力，更重要的是，要让学生学会像企业家一样去思考。高校要高度重视创业教育，将创业教育纳入人才培养和教育教学体系，融入课堂、活动、社会实践中。

2. 培育创业人格

个体特征对个体的创业来说是非常重要的，尤其是"独立性""坚持性""敢为性"等。所以，人格教育与创业精神和创业能力的培养是相辅相成的。高校要根据大学生的心理特点，有针对性地讲授心理健康知识，帮助大学生增强心理调适能力和社会适应能力，自觉培养坚韧不拔的意志品质和艰苦奋斗的精神，提高耐挫抗压能力。此外，还可以通过创业案例剖析创业者的人格特征，让学生掌握形成优良心理素质与人格特征的途径。

3. 培养创新能力

创新是创业精神的灵魂，高校必须注重对学生创新能力的培养。要尊重学生的个性发展，爱护和培养学生的好奇心、求知欲，为学生的禀赋和潜能的充分开发创造一种宽松的环境，鼓励学生勇于突破。通过开设创新类课程、举办主题技能竞赛让学生感受、理解知识产生和发展的过程，培养学生的科学精神和创新思维。

4. 宣扬创业文化

校园文化是学生成长成才的外部环境，对学生具有陶冶、激励、导向功能。高校应想方设法将创业精神有机融入学生活动、教学活动中，以培养学生的创业精神。具体地讲，可经常邀请成功的企业家或杰出校友来学校做报告，增强大学生的创业信心，利用他们的创业激情感染学生，成为激励学生创新创业的榜样。

5. 强化创业实践

实践出真知。高校应鼓励学生利用课余时间参加一定的创业模拟和社会实践活动，增强学生对企业的了解和对社会的适应能力，让学生在实践中磨炼自己，孕育创业精神。

第二节　创业及其本质

一、创业的概念

创业是指拥有一定的知识、技能和资源的创业者把握住一定的机会创造新企业，从而能够为消费者提供产品和服务，能够为社会创造出财富和价值，做出一定的贡献的过程。

二、创业的要素

（一）社会经济条件

一个人能否顺利创业，首先取决于这个社会的经济发展是否给人们提供了创业的条件和机会。改革开放以来，我国经济以年均8%以上的速度迅速发展，产业结构日趋优化，人们的生活水平不断提高。在这种经济环境下，人们的需求越来越多样化、个性化，为了满足需求而产生的创业机会不断涌现，为大学生创业提供了机会和条件。并且在社会结构转型时期，由于环境的变化、市场的不稳定、现有产品和服务的相对滞后，社会分工进一步细化；就某些细化的具体领域而言，有效供给仍然不足，供不应求本身就意味着一个个闪光的创业机会。大学生只要能够有的放矢，就一定会涌现出许许多多成功的创业者。

（二）法律政策条件

创业者能够顺利创业，当然离不开相应的法律政策，特别是允许个人创办、经营企业的相关政策。例如，我国《个人独资企业法》规定的个人独资企业设立条件为：①投资人为一个自然人；②有合法的企业名称；③有投资人申报和出资；④有固定的生产经营场所和必要的生产经营条件；⑤有必要的从业人员。

（三）知识科技条件

近年来，全世界科技、知识迅猛发展，知识和科技的更新换代加快，高科技领域正在发生着翻天覆地的变化，新的科研成果不断涌现，但同时成果的生命周期也明显缩短，比任何时候都更易"老化"，过时，市场机会不断出现但又转瞬即逝。这种环境下，仅仅依靠政府和大企业是无法把科研成果迅速转化为现实生产力的，成果转化为满足市场需求的现实产品或服务离不开大量的创业者。创业成为把科研成果转化为现实生产力的重要途径之一。

（四）心理条件

社会的文化心理状况同样是影响创业的重要因素之一。在美国，超过90%的人认为创业是一项令人尊重的工作，成功的创业者会得到相当高的评价。这种现象不仅营造了有利于创业的文化心理氛围，而且给予了创业者莫大的精神支持。从传统上讲，我国的文化心理是不主张创业的，两千多年的农耕文化，重农抑商，让一代又一代的中国人固守在土地上，创新、创业，有时甚至被视为不务正业，抑或洪水猛兽。不过可喜的是，近年来，随着我国对经济发展的日益重视，人们的创新意识和能力得到了增强和提高，加上社会舆论对创业者的宣传与支持，各种形式的创业活动不断出现。大学生成长在改革开放的好时候，受传统的不利影响和束缚较小，在当前支持、鼓励创业的大好社会文化心理条件下，应当在创业中表现得更出色，取得更辉煌的成就。

（五）高等教育条件

高校始终是国家创新体系中的重要一环。美国硅谷的发展和崛起，就与斯坦福大学、加州大学伯克利分校等高校密不可分。正是这些高校的知识创造、加工、传授和应用，促进了硅谷的科技和经济的迅速发展，它们已经成为美国"高科技的摇篮"。这些年来，我国的高等教育发展迅速，高校的学习科研条件日益优厚，知识的创造、加工、传授和应用进步显著，创新的气氛弥漫整个校园，正在培养着一批又一批富有创新和奋斗精神的学子，为这些学子走上自主创业的道路奠定了基础。

三、创业的本质

随着市场经济的发展,大学生的就业从20世纪90年代初的"统包统分"转变为"自主择业",进而又转向"自主择业"和"自主创业"相结合的就业时期。就业形式的转变除了教育体制改革和就业政策转变的因素外,还取决于社会就业观念的转变,即从寻找一个安定稳定的工作转变到寻找一个能够实现自身价值的工作。"自主择业"与"自主创业"虽只有一字之差,但内涵不同。创业是指作为主体的人开创性地创办事业的活动。事业有广义和狭义之分,广义上说,事业是指人们所从事的具有一定目标、规模和系统而对社会发展有着较大影响的经常性的活动;狭义上说,事业是指人们所从事的某一项具体的行业、职业、实业。因此创业也有广义狭义之分。我们所指的"创业"是指经济学意义上的创办实业的活动。

(一)以价值为取向

创业的成功与否取决于创业者是否为自身和社会创造价值。创业者要树立正确的创业价值观,具备优秀的创业品质,诚实守信,在实现经济价值和社会价值的同时,自我价值也要得到提高和升华。实践证明,创业者只有把自我价值和社会价值统一起来,才能获得创业的机遇,才能取得成功。

(二)具有风险性

在创业过程中,环境的不确定性使得创业活动本身的风险加大。这些风险主要包括:政策风险、经营性风险和资本风险等。政策风险是指由于国家政策或者法规的变化使得新业务面临着可行或者非可行的风险;经营性风险是指创业主体由于原来没有经营或者运营此类项目的经验,对新的价值链整体把握不够准确;资本风险是指创业者可能无法收回全部原始创业本金或者实际收益与预期收益存在较大差异。创业者要对风险有足够的心理准备,鼓足战胜一切困难的勇气。[①]

（三）具有创新性

创业意味着创新和变革，创新的商业实践可以促进经济增长，同时也可以增强企业竞争力，创业正是通过创新为商业成功在梦想和现实之间搭起一座桥梁。当一种新的想法被发现后，它可以被转换开发成为创新产品。创业者只有具备了创新能力，创造出某种有价值的新颖产品和新型服务，才能在激烈的市场竞争中立于不败之地。

（四）具有机遇性

把握机遇是迈向创业成功的起点，也是创业成功的前提。创业机会不仅产生于产品市场，也存在于要素市场以及新技术的出现。一个具体的创业机会，其存在的时间是短暂的。一个市场在不同时间阶段，其成长的速度各有不同。在市场快速发展的阶段，创业机会随之增多；发展到一定阶段，形成一定结构后，机会之窗打开，市场发展成熟之后，机会之窗就开始关闭。因此，创业者要做有心人，时刻准备抓住一切可能成功的机遇。

---

① 林钧敬. 知识创业：大学生创业指南[M]. 北京：高等教育出版社，2001.

第三节　创业类型与大学生创业能力

一、创业的类型

创业活动涉及各行各业，创业者的创业动机千差万别，创业项目形式多样。因此，创业的类型，按照不同的分类标准，就有不同的分类方法。

（一）按创业动机不同来分类

（1）生存型创业：是指创业者为了生计而相对被动地进行的创业。创业是由处于别无更好的选择（没有工作，或对现有的工作不满意），是一种被迫的选择，而不是个人的自愿行为。创业者必须依靠自己的创业为自己的生存和发展谋求出路，改变现状是创业的动机。

（2）机会型创业：是指创业者为了追求商业机会，谋求更多发展而从事的创业活动。创业的动机在于个人抓住现有机会或即将出现的机会的强烈愿望，是一种个体偏好，并将创业作为实现某种目标（如实现自我价值，追求理想等）的手段。大学生创业大多属于这种。

（二）按创业者数量不同来分类

（1）独立创业：是指创业者独立创办自己的企业。其特点是产权归创业者个人所有，企业由创业者自由掌控，但创业者要独自承担风险，创业资源整合较困难，且容易受个人才能限制。

（2）合伙创业：是指与他人共同创办企业。产权共有，利益共享，风险共担。创业资源相对丰富。集体决策，可避免因个人决策带来的弊端。

（三）按创业起点不同来分类

（1）创建新企业：是指创业者或团体从无到有地创建新的企业组织。这个过程充满机遇，但风险和难度也很大。

（2）企业内创业：是指在已有公司或企业内进行创新创建的过程。可以依托公司或企业的既有资源，达到价值再造的目的。

（四）按创业项目性质不同来分类

（1）传统技能型创业：是指使用传统技术、工艺的创业项目，如酿酒业、饮料业、中药业、服装及食品加工业等。

（2）高新技术型创业：是指知识密集度高，带有前沿性、研究开发性质的新技术、新产品创业项目。

（3）知识服务型创业：是指为人们提供知识、信息服务的创业项目，如律师事务所、会计事务所、管理咨询公司、广告公司等。

（五）按创业内容不同来分类

（1）基于产品创新的创业：是指基于技术创新或工艺创新的成果，产生了新的消费者群体，从而导致创业行为的发生。

（2）基于营销模式创新的创业：是指采取了一种有别于其他厂商的市场营销模式，因而可能给消费者带来更高的满足感。

（3）基于组织管理体系创新的创业：是指采取一种有别于其他厂商的企业组织管理体系，因而能更有效地实现产品的商业化和产业化，从而达到企业利润的最大化。

（六）按照创业时间、创业目的不同来分类

大学生创业有不同的种类。从创业时间上划分，可分为在校创业、休学创业、毕业即创业、毕业后创业和深造再创业；按照创业目的划分，可分为

生存型创业和机会型创业。[①]

1. 在校创业

在校创业指大学生在校期间，在学习的同时进行创业。在校创业的优点是可以在学习的同时从事社会实践活动，这一方面可以使大学生把书本知识结合创业需要转化为商业资源；另一方面商业活动也为大学生的学习提供了生动的素材，可以进一步指导大学生将理论与实际相结合。在校创业活动是大学生联系社会的直接桥梁和纽带。但是这种创业形式也有一定的局限性。例如可能会出现学习和创业两者难以兼顾的情况，如果投入过多的精力去创业，可能导致学业荒废。另外，许多大学生没有足够的创业经验，面对复杂多变的社会环境和市场环境，一方面，其创业点子不一定符合社会需求或市场需求，只是凭空的难以实现的没有市场价值的一种想法；另一方面，由于大学生普遍缺乏社会经验，面对鱼目混珠的社会环境也会遇到重重困难，甚至带来不堪设想的后果。

2. 休学创业

休学创业是指为了全身心地投入创业活动而向学校申请休学，办理休学手续。2001年，《教育部关于贯彻落实中共中央、国务院〈关于加强技术创新，发展高科技，实现产业化的决定〉的若干意见》中明确规定："大学生、研究生（包括硕士生、博士生）可以休学保留学籍创办高新技术企业。一般休学期限为一年。"休学创业的优点是可以使大学生集中精力从事创业活动，尤其是对于转眼即逝或非常难得的创业机会，如果不集中精力关注创业，则会浪费创业机会甚至导致创业失败。休学创业可以避免因为要兼顾学业与创业所带来的时间与精力的冲突。但休学创业也有和在校创业类似的缺陷，即大学生缺乏社会的历练，可能导致其在创业的过程中遇到许多不必要的麻烦。另外，休学创业也可能使学业中途变化，甚至荒废学业。

[①] 陈忠平，董芸.新形势下高校创新创业教育[M].北京：冶金工业出版社，2019.

3. 毕业即创业

毕业即创业是目前国家政策积极提倡的创业形式。它相当于一种"特殊化"的就业方式，即自己创立企业为自己打工。大学生就业困难已经成为社会普遍关注的问题，通过创业这种特殊的就业方式，不仅可以解决大学生就业难的问题，而且对于优化我国经济结构，提高国家经济实力，加快技术创新和技术进步，为国家创造更多的国民财富等方面都有极大的推动作用。目前，国家和一些地方政府已经制定许多的优惠政策来鼓励支持大学生的创业活动。

4. 毕业后创业

毕业后创业也是非常普遍的创业形式。有创业理想的大学生，可能在校或者刚毕业时因为种种条件欠缺，所以选择先就业后创业的创业形式。先在工作过程中注重培养和锻炼自己的创业能力，并注意在工作中发现商机和创业项目，在拥有一定的社会阅历和社会经验积累后再进行创业。一般来说，毕业后创业相对于前三种创业形式，成功机会更大些。但对于许多创业机会，因为其存在期限比较短，所谓"机不可失，时不再来"，毕业即创业或毕业后创业可能会使创业者丧失创业机会，错过最佳创业时机。

5. 深造再创业

在知识经济时代，知识越来越成为社会发展的主导因素，新的知识经济增长点往往产生于高新技术领域。在创业大军中，硕士生、博士生特别是出国留学回国创业的学生，他们起点高，素质高，所学科技含量高，创造了巨大的社会价值。

6. 生存型创业

生存型创业是指大学生迫于生存的压力，不得不自己开一个小店、办一个小厂等，走上创业的道路。随着就业形势的日趋严峻，刚毕业的大学生找不到工作，为谋生只有进行生存型创业。这种创业范围一般只局限于商业贸易、餐饮等服务行业，只有少量从事创办实业。

7. 机会型创业

机会型创业是指为了寻找更好的发展机会或者寻求更多的财富而进行的创业。这种创业者一般会有自己的知识产权。一些自我意识很强的学生，选择创业是为了通过这一途径来证明自己的能力。我国机会型创业少于生存型创业，这与我国的教育模式从小学、中学到大学都是应试教育有直接关系。

二、大学生创业应具备的能力

（一）创业能力

能力是以人的先天条件为基础，经过后续获取的知识、技能、经验综合形成的。创业能力是在创业实践过程中直接体现出来的能够顺利实现创业目标的特殊能力。创业能力是一种高层次的综合职业能力。

创业能力与整个创业过程密切相关，创业能力体现在创业过程中，包括以下几种。

1. 专业能力

专业能力是指企业中与经营方向密切相关的主要岗位或岗位群所要求的能力。创业者在创办自己的第一个企业时，应该从自己熟悉的行业中选择项目。当然，创业者也可借助他人特别是雇员的知识技能来办好自己的企业，但在创办自己的第一个企业时，如果能从自己熟知的领域入手，就能大大提高创业的成功率。可以说，专业能力是创业成功的重要前提。

2. 识别机会的能力

市场机会识别是创业领域的关键问题之一，它是创业的起点，创业过程就是围绕着机会进行识别、开发、利用的过程。正确地识别市场机会并判断市场机会是创业者应当具备的重要技能。

3. 获取资源的能力

资源条件是创业能力的重要构成部分，但企业资源又是有限的，必须要合理计划和利用好有限的资源，才能实现成功创业。很多创业者认为，只有所有的资源条件都具备了才能创业成功，这种想法显然是不对的。在创业初期，很多创业者都会缺少一些资源，如果等所有的资源条件都到位再进行创业实践的话，很多商机可能就已经流失了。所以，创业者要善于整合并利用资源，只有这样才能创业成功。

4. 领导决策的能力

在创业活动中，几乎每个阶段都离不开创业者的决策，创业项目的选择、企业产品的定位、企业的发展战略、企业的商业模式以及盈利模式等，都需要进行判断。能否做出一个正确的决策，直接关系到创业的成败。

5. 协调能力

大学生创新创业者一定要具备协调能力，概括来说，协调能力的重要作用表现在以下几方面。

第一，良好的协调能力有利于信息的沟通。对于加强相互理解和利益共享有着切实的好处。

第二，协调能力能够化解创业团队与竞争者之间、创业团队与客户之间的矛盾，能够使创业团队获得良好的形象，提高可信度，为合作打好基础。

第三，协调能力还可以融洽相关主体之间的感情，增加合作的愿望和机会。

第四，协调能力使整个团队的工作有序，配合协调，工作效率达到最高。

6. 创新创造能力

创新是知识经济主旋律，是创业者化解外界风险和获取竞争优势的有效途径。企业只有不断创新，不断研发新产品，不断为客户提供优质的人性化服务，才能确保企业的可持续发展，才能确保企业立于不败之地。创业者必须有创新能力，才能确保企业的不断发展。

（二）提高创业能力的方法

1. 大学生应善于请教他人

大学生可以直接向创业成功人士请教，特别是自己想从事领域的成功人士。听听这些成功人士的体会和建议，学习他们的成功创业经验，可以有针对性地提高自己的创业能力。

2. 大学生应掌握迅速提升自我的小技巧

第一，与有能力的人士合作。

第二，善于集中别人的智慧，使自己变成最聪明的人。

第三，知人善任，将各种不同特点的人组合成团队。

第四，不懂就问，不会就学。

第五，可以交一些"顾问型"的朋友。

3. 大学生应勤于实践

只有实践才能使我们锻炼成长，只有实践才能使我们获得成功。勇于实践首先要求我们应当立志，没有远大和崇高的志向，我们就会失去前进的动力。在校大学生可以利用课余时间进行尝试性的创业实践活动，也可以投入小资本进行经营活动，还可以参加创业实践模拟，更可以利用实习机会进行创业实践训练。勇于实践要求我们必须具有胆识。敢于做梦，是"胆"；梦做得如何，是"识"，是识别力。综合来讲是要善于抓准方向，并沿着正确方向无畏地前进，不屈不挠，努力创新。看准了的新事情就要干，机会转眼即逝，不干就会追悔莫及。

4. 在通识教育中学习经营管理的基础知识和培养能力

创业通识教育以培养创业精神和普及创业基础知识为目标，主要包括组建团队与架构公司、项目确定与公司注册、市场分析与战略规划、成本预算与营销策划、财务管理、投资收益与风险评估等基础知识，为创业者制订合理的商业计划，为创业者创建企业后的经营管理提供基本的知识储备。

5. 在专业教育中培养创新和挖掘行业前沿领域市场机会的能力

第一，教育主管部门应引导高校将创新教育融入人才培养全过程，构建一体化人才培养方案。

第二，高校要充分考虑学科发展、社会需求和学生成长需要，增加创新实践学分的比重，改革授课模式和课程考核模式。以创新性问题的提出和解决方案作为重要的考核内容，鼓励学生依托所学专业，关注行业前沿。

第三，大学生应该提高自主学习能力，关注所学专业领域的变化趋势，积极阅读文献，夯实专业知识，不断思考，不断发现问题，甄别各种市场机会并大胆尝试，从而提高识别市场机会的能力。

6. 在第二课堂活动中营造创业氛围，锻炼计划和领导决策能力

第一，教育主管部门应组织一些连贯性的、高质量的创业竞赛活动，鼓励大学生积极组队参加，培养制订商业计划的能力和团队领导决策能力。

第二，高校应大力开展各种创业讲座、沙龙和创业实训，充分发挥校友和成功企业家的示范作用，在校内进行鼓励自主创业等方面的宣传活动。营造良好的创业氛围，激发学生创业实践的热情。

第三，大学生应积极参加各类创业竞赛、讲座等，将课堂上所学的创业基础知识在实践活动中进行检验。创业竞赛是提高学生实际创业能力的有效途径，通过各种创业竞赛，学生可以有效地获取创业所需的方方面面的经验，更好地理清创业项目的商业模式，接受专业的点评和指导，并且竞赛本身也可以让参与其中的学生们感受创业将会遇到的压力。

7. 在创业实践中磨炼资源获取能力和抵御风险能力

目前，国家、省市、学校提供了多种鼓励大学生开展创业实践的创业优惠政策和场地、辅导等软、硬件环境和资源，大学生应利用在校学习的时间，充分利用现有资源，提出一项具有市场前景的创新性产品或者服务，并以此为基础开展创业实践活动。大学生在开展创业实践活动、组成创业团队及培训能力的过程中跨学科，跨专业，实现知识的交叉互补和综合利用。同

时，在此过程中，有分工，有协作，取长补短，能力互补，凸显团队精神。无论是创业精神的培育还是创业实践的开展，都需要与社会接轨，创业实践使大学生对各种资源的把握和运用以及对风险的驾驭能力都得到锻炼，从而促进了其社会化程度的提高。

8. 政府加大资金投入

政府可以通过创立创业资金和创业贷款的方式加大对大学生创业资金的投入力度。

（1）创业资金

第一，对于符合一定条件的大学生创业项目提供无偿资助。

第二，用于大学生创业项目的小额贷款担保。

第三，大力支持大学生创业计划，鼓励其中优秀项目市场化。

（2）创业贷款

政府在为大学生提供贷款时，应该简化手续，提高办事效率，尽量缩短大学生取得创业资金的时间，等等。

9. 完善创业融资政策，开拓创业融资政策新渠道

对于大学生来说，融资难是制约其创业以及成功的重要因素，因此，政府应该不断完善创业融资政策，努力开创融资渠道，为大学生的创业提供强有力的支持，概括来说，政府方面可以从以下两方面来努力。

第一，借鉴他国的一些比较成功的经验，通过综合高校、政府以及社会各界的力量为大学生创业提供良好的融资渠道。

第二，可以根据实际情况进一步提高中小企业资金的信贷额度。

第四节 大学生创业相关因素分析

一、大学生创业的意义

（一）有利于缓解大学生的就业压力

随着高等教育大众化程度的提高，大学毕业生的就业压力不断加大。提升大学生创业能力，有利于解决就业难问题。一名成功创业的大学生不但不会增加社会的就业压力，相反还能通过自主创业活动来增加就业岗位，以缓解社会的就业压力。因此，国家各级政府部门，纷纷把"鼓励和支持高校毕业生自主创业"作为化解当前社会就业难的主要政策之一。[1]

（二）有利于国家经济发展

大学生创业是经济发展的原动力，随着我国经济结构的转型，产品的升级换代，科技含量的提高，国家对创新人才的渴求度越来越高，需要大量的高科技含量的经济实体参与国家经济建设。创业一方面能迅速催生大批新企业，创建一些优秀杰出的企业；另一方面能够造就快速发展的新行业。这些新行业改变着整个经济结构，促进科技成果转化，促进国家经济发展，特别是中小型企业的快速发展。

---

[1] 孙凌云.大学生就业指导与创新创业教育[M].济南：山东人民出版社，2018.

（三）有利于提升大学生的综合素质

创业需要一定的素质和能力的支撑。大学生在创业过程中，不仅需要扎实的专业知识，还要不断提升各方面的知识技能及综合素质，如市场观察、思考决策、时间管理、风险控制整合及利用各类资源等。自主创业正是大学生综合素质的有力体现。通过创业实践探索，将理论与实践相结合，大学生可提升自己的实践能力及综合素质。

（四）有利于培养大学生的创新精神

大学生作为中国最具活力的群体，如果失去了创造的冲动和欲望，那么中华民族最终将失去发展的动力。大学生的创业活动，有利于培养其勇于开拓的创新精神，把就业压力转化为创业动力，培养出越来越多的创业者。大学生通过创业活动，发展创新意识，开拓创新精神，培养创新能力，并将创新能力运用到创业实践中，为社会创造价值。

（五）有利于实现大学生的人生价值

大学生创业通常都会选择自己熟悉并感兴趣的行业，正是这种选择，使得大学生能以饱满的热情和良好的精神状态投入自己的"事业"中，做自己想做的事情，充分发挥自己各方面的潜能，正确面对困难与挫折，实现自己的梦想。大学生创业一方面可以实现人生价值，回报父母，报效祖国，奉献社会；另一方面，还有利于实现自己的财富梦想。

二、影响大学生创业的因素

概括来说，影响大学毕业生创业的因素主要包括以下几方面。

（一）学校因素

近年来，各高校已经注意到学校教育对大学毕业生创业的影响，并推出了有针对性的措施和各种教学、训练活动，这对大学生创业起到了直接的推动作用。另外，学校的教学活动，尤其是以创新为主题的教育教学改革也在潜移默化中起到了积极作用。

（二）家庭因素

第一，家庭因素会对大学生的创业选择带来一定的影响。如果家庭条件好，大学生就有可能得到较多的资金和其他方面的支持，创业的欲望和动机也会比较强烈；而如果大学生的家庭条件不好，则大学生可能会考虑是否应该先就业，为家庭解决一些负担，但如果选择创业，这些大学生得到来自家庭方面的支持会比较少，大学生可能会承受更多的压力。

第二，父母的价值观对大学生的创业也会造成一定的影响。如果父母能够以平常心来看待子女的创业，对孩子的创业选择能够给予鼓励和支持，那么大学生可能会以积极的心态去处理在创业过程中遇到的各种困难和问题，创业也比较容易取得成功；而如果父母总是担心子女在创业过程中遭遇失败，对于创业的子女常常耳提面命，那么他们的子女在创业过程中可能会蹑手蹑脚，怕这怕那，遇到挫折时也不能够以积极的心态去面对，那么很难会取得创业的成功。

（三）社会因素

社会因素对大学生创业的影响主要体现在两个方面。

第一，政府出台的与大学生创业相关的各种优惠政策、法律保护措施以及风险投资机构提供的各项支持。

第二，大学生创业的社会舆论影响。年轻的大学毕业生从众心理较强，在行动之前往往会参考周围同学朋友对创业持有的观念，尤其愿意听取已经有创业成功或失败经历的大学生对创业的看法，然后再决定自己的行动。

第三章 大学生就业概述

随着我国社会主义市场经济的进一步完善，产业结构的不断优化调整，城市化率的逐渐提高，世界整体经济环境的变化，我国人力资源结构不断地进行调整。这给大学生就业带来巨大的压力，就业形势十分严峻。为此，高校应对大学生就业管理给予重视，充分引导学生了解就业形势、就业趋势，力求为大学生就业提供最大帮助。

第一节　职业与职业发展

一、职业

（一）职业的概念

"职业"反映着个人与社会两个方面内容，是一个人与社会互动的范畴。在我国，对"职业"概念的解释，自古以来多种多样，下面列举几个常见的。

1. 职业是职务

《资治通鉴·后周太祖广顺二年》有云："李谷足跌，伤右臂，在告月余；帝以谷职业繁剧，趣令入朝，辞以未任趋拜。"王鏊《震泽长语·官制》载："承五代之弊，不能釐正，故台省寺监卫率之官，止以辨班列之崇卑，制廪禄之厚薄，多无职业。"陈康祺《郎潜纪闻》卷一中有："天聪十年，始改文馆为内三院，曰内国史院，曰内秘书院，曰内宏文院，均设大学士一人，各有职业。"这里的职业都是指职务。[1]

---

[1] 姜相志，吴玮. 新编大学生就业指导[M]. 哈尔滨：哈尔滨工程大学出版社，1999.

2. 职业是职分，应做之事

《国语·鲁语下》道："昔武王克商，通道于九夷百蛮，使各以其方贿来贡，使无忘职业。"王禹偁《和杨遂贺雨》载："为霖非我事，职业唯词臣。"梁章钜《退庵随笔·官常一》有云："士君子到一处，便思尽一处职业，方为素位而行。"这里的职业都是指应该做的事。

3. 职业为官事与士、农、工、商四民之常业

《荀子·富国》有云："事业所恶也，功利所好也，职业无分，如是，则人有树事之患而有争功之祸矣。"杨倞注："职业，谓官职及四人之业也。"

4. 职业是事业

石孝友《水龙吟》词说道："职业才华竞秀，汉庭臣无出其右。"无名氏《异闻总录》卷二说道："吾今为掠剩大夫，职业雄盛，无忆我。"刘祁《归潜志》卷七说道："至于百官士流，贤否皆当如家人美恶；合公望，办职业，而为国者立法，辨其才，然后进退用舍。"这里的职业都指的是事业。[①]

可见，对于职业的概念，不同学者有着不同的看法，但综合来说，他们的看法都存在着一定的相近之处，综合起来，我们认为职业是指个人在社会中所从事的作为主要生活来源的工作，是人类个性的发挥、任务的实现和维持生活的连续性的活动。

（二）职业的特征

职业具有显著的特征，概括来说主要包括以下几方面。

1. 规范性

从事职业活动必须遵从一定的规范，就是职业规范，它主要包括人们在职业活动中应遵守的各种操作规则及办事章程、职业道德规范和职业活动中

[①] 蒋胜祥. 大学生就业指导[M]. 杭州：浙江科学技术出版社，2003.

养成的种种习惯。例如，对于医务工作者来说，会通过法律、行政法规、组织规章以及其他有关诊疗规范的公约、守则等来规范其医护行为，在保证患者生命安全的前提下，尽最大可能去提高生命的质量和价值。

2. 技术性

俗话说"隔行如隔山"，不同的职业有不同的工作形式、性质、内容，对从业者的专业知识和技能也有着不同的要求，正是这种专业性，决定了每种职业的不可替代性。而且随着时代的发展，人们受教育的水平越来越高，社会对于每个职业的要求也越来越高，大多数职业需要从业者接受长时间的专业学习和培训，因为只有具备了专业的知识和娴熟的技能，才能胜任特定的工作。

3. 经济性

从业者从事某项职业的重要目的之一就是要从中获取经济收入，这就是职业的经济性。劳动者在承担职业岗位职责并完成工作任务的过程中要索取经济报酬，既是社会、企业及用人部门对劳动者付出劳动的回报，也是维持家庭和社会稳定的基础。通常情况下，个人为社会做出的贡献越大，创造的财富越多，得到的社会反馈就越大，所获得的个人收入也越多，这体现了个人对社会的付出和社会对个人的回馈之间的高度统一性。

4. 连续性

职业的技术性和专业性要求大多数职业都需要经过长时间的训练，并且需要在时代的发展历程中不断地更新，因此职业是相对稳定的，从业者通过连续的职业生涯可以积累该行业的经验、技能、人脉，得到稳定的生活保障和更多职业发展及晋升的机会。但这并不表明从业者不能变动职业，而是应该在变动前慎重考虑各方面因素，建议选择有一定的"内在连续性"（内在连续性就是能够不断延续和强化之前积累的资源，如经验、技能、人脉等）的职业。

5. 社会性

从业者所从事的职业是社会所必需的，是由于社会需求和社会分工而产生的，受到社会制度、政策、经济、文化等多方面的影响。人一旦从事某种职业，就相当于参与了某种社会劳动，扮演着某种社会角色，需要承担起相应的社会责任。

6. 时代性

职业是时代的产物，随着社会的发展，会不断出现一些新兴产业，同时，一部分职业也逐步退出历史舞台。除此之外，每个现存的职业在不同时期也会有不同的表现形式，只有把握职业的变化，才能适应时代的要求。另外，人们所热衷的职业能够反映当时的社会风尚。个人与时代精神的关系，往往反映在人们的职业取向上。

（三）职业的类别

职业类别是以工作性质的同一性为基本原则，对社会职业进行的系统划分与归类。职业是参与社会分工，利用专门的知识和技能为社会创造物质财富和精神财富，获取合理报酬作为物质生活来源，并满足精神需求的工作。

职业信息是与职业发展、就业应聘有关的所有信息的统称，包括国家和地区颁布的劳动与就业相关法规政策、行业与地区经济政治形势和发展趋势、就业态势和职位供需状况等。

我国的职业分类结构包括四个层次，即大类、中类、小类、细类，依次体现由大到小的职业类别。细类作为我国职业分类结构中最基本类别，即职业。《中华人民共和国职业分类大典》将我国社会职业归为8个大类，66个中类，413个小类，1838个职业。8个大类包括以下几方面。

第一大类：国家机关、党群组织、企业、事业单位负责人。

第二大类：专业技术人员。

第三大类：办事人员和有关人员。

第四大类：商业、服务业人员。

第五大类：农、林、牧、渔、水利业生产人员。

第六大类：生产、运输设备操作人员及有关人员。
第七大类：军人。
第八大类：特殊职业的其他从业人员。

（四）职业的意义

1. 职业对个人的意义

对个人来说，职业活动是人生的重要组成部分，职业问题解决的好坏，对个人一生顺利发展具有重要意义。

第一，职业活动为人们提供物质生活的基本条件，是人们赖以生存的手段，是个人收入的重要来源。

第二，职业能够满足人们的精神需要，促进个性健康发展。

2. 职业对社会的意义

对社会来说，职业和职业活动构成了人类社会生活、社会存在和发展的基础。

第一，职业的存在与发展变化本身就构成人类社会存在和发展的一项丰富内容。

第二，通过职业劳动，生产出社会物质财富和精神财富，从而构成了社会发展的基础。

第三，职业分工及劳动构成了社会经济制度及其运行的主要部分。

第四，职业的运动和转换是社会发展的动力之一。

第五，职业是维护社会稳定、实现和谐社会的基本手段和前提条件。

二、职业发展

当前的职业模式发展呈现出以下趋势。

（一）就业自主化

进入21世纪后，随着社会的不断发展和进步，人们自由选择职业的权利越来越得到普遍认可，因此，当前的职业模式发展呈现出就业自主化的趋势，这一模式一方面是政府通过各种形式的法律和相关政策来保障的，另一方面也是个人不断提高自己的就业能力的产物。

（二）知识资本化

当今社会是人才社会，而市场经济是知识经济，即以知识运营为经济增长方式、知识产业成为龙头产业、知识经济成为新的经济形态的人类社会经济增长方式与经济发展模式。因此，当前的职业劳动的知识含量大大增加，这就要求人们要具有较高的知识水平，从而也将带动职业模式知识资本化的兴起。

（三）流动加速化

随着市场经济的不断完善，个人寻求自身发展的动机与行为大大强化，高度竞争条件下的用人单位人力资源优化配置也进一步加强，这从统计和需求两个方面都使得社会职业的流动加速，从而使得职业模式发展中呈现出劳动力流动加速化的趋势。

（四）劳动人本化

进入21世纪，随着经济社会的不断发展，职业劳动越来越人本化。这主要表现在职业劳动条件日益改善，职业劳动的内容越来越丰富而逐渐成为"人的第一需要"，劳动生产率不断提高和单位劳动投入所产生的成果越来越多，劳动组织也越来越考虑到员工的利益等方面。而这些实际上都是职业模式发展总劳动人本化的一个重要体现。[①]

（五）国际接轨化

全球化是不可逆转的趋势。西方发达国家的职业种类、职业劳动技能、职业工具手段、职业管理模式等都已影响到我国，这些影响一方面为我们的社会职业领域起到巨大的示范与导向作用；另一方面也随着一些跨国公司、合资企业的入境，使得我国的职业领域与国际接轨。

第二节　大学生职业自我探索

一、兴趣与职业自我探索

（一）兴趣的概念

人们在认识事物或是进行活动时，总会表现出对某件事物或某项活动的选择性态度，并且还伴有一些积极的情绪反应，这就是兴趣。人们会优先关注自己感兴趣的某件事情或某项活动，并且在整个过程中内心感到满足、愉快。兴趣可以影响人们对工作的满意度。例如，对音乐感兴趣的人，就会将注意力集中于与音乐有关的事物和活动，在其言谈举止中也会流露出心驰神

[①] 李范成. 高校大学生就业指导问题研究[M]. 哈尔滨：哈尔滨工程大学出版社，2016.

往的情绪。研究发现，人的兴趣与需要有密切的关系。一般来说，需要的对象也就是兴趣的对象，例如，很多人在学生阶段都会憧憬自己的未来，为了满足这种需要，他们会在某些成功人士身上找到参照，于是对一些明星产生浓厚兴趣，并努力模仿他们的形象和行为。这里所说的兴趣并不局限于我们日常的爱好，如唱歌、跳舞、打篮球等。实际上，我们可以将兴趣分为有趣、乐趣、志趣三个层次。

（二）兴趣的影响因素

兴趣是受多种因素影响的，概括来说主要包括以下几方面。

1. 家庭环境

家庭环境的熏陶对个人职业兴趣的形成具有十分明显的导向作用。如父母是教师，可能会使子女从小就对教师这一职业感兴趣，当然也可能会因为父母经常抱怨教师这一职业的艰辛而使子女对教师职业无法产生兴趣。

2. 受教育程度

受教育的程度决定着个人的知识与技能水平的高低，而知识与技能水平正是社会职业从客观上对从业人员的要求。因此，个人自身接受教育的程度是影响其职业兴趣的另一重要因素。一般来说，个人学历层次越高，接受职业培训的范围越广，其职业取向的领域就越宽。

3. 个人需要与个性特征

兴趣是以个人需要为前提和基础的，人们的需要有物质需要、精神需要以及社会需要之分，因此人的兴趣也就有物质兴趣、精神兴趣之分。通常，人的物质需要是暂时的，容易满足。而人的精神需要却是稳定的、持久的，是一直在追求的，并持续发展着的。需要指出的是，个人兴趣与爱好品味的高低还会受一个人的个性特征优劣的影响。

4. 职业需求

职业需求是从个人角度来说的，职业需求是指一个人对某种职业的渴求与欲望。而这种渴求与欲望正是成为一个人职业行为的积极性的源泉。职业需求越多，类别越广，求职者选择职业的余地就越大。

（三）兴趣的发现

在一般情形下，个人的兴趣是在学习、生活、工作中渐渐浮现出来的，但是通过自己有意识的尝试也会使兴趣尽早被发现，下面就对几种发现兴趣的方法进行简要研究。

1. 观察他人法

我们经常会见到许多不同工作的人或场景，可以总结一下，有哪些职业使自己心生羡慕，产生了"我也要这样"的想法；或者与之相反，我们会对哪些职业无动于衷，甚至感到反感，会有"我可不想干这一行"的想法。这种想法在一定程度上折射出我们对某种职业的兴趣。当然想法可能只是看到了某种职业的表面现象引起的，比如我们可能羡慕科学家的博学多才，也可能羡慕生意人的丰厚收入，还可能羡慕演员的风光无限，这都是这些职业光鲜亮丽的一面。我们可以多去了解所羡慕的这些职业背后更多的内容，之后问问自己是不是真的喜欢该职业。所以，应当对自己"有想法"的职业进行更多的了解，并对自己内心的想法进行更深入的思考，这有助于我们寻觅到自己愿意为之奋斗的职业。①

2. 自我剖析法

有时一个人对某件事感兴趣是因为身边的朋友都喜欢，有时则是因为这种兴趣可以为他带来现实利益。我们的兴趣会受到外界因素的影响，会被表

---

① 王佳，姚圆鑫，张成先，胡颖杰，孔晓晓. 大学生职业规划与就业指导[M]. 北京：国家行政学院出版社，2016.

面现象迷惑。实际上，没有人比你更了解你自己。如果我们摆脱一切外在纷扰，扪心自问，通过叩问自己的内心，我们可以发现自己心之所向，也就是我们的兴趣所在。

3. 兴趣测验法

有关兴趣的测验有很多，在一些书籍中，或是在网上都可以找到。兴趣测验会对自我兴趣的发现起到辅助作用。

通过以上几种不同方法的互相印证，大体上可以确定自己的兴趣倾向。

（四）职业兴趣的培养

可以从以下几个方面进行考虑，在平时有意识地培养自己的兴趣。

1. 培养兴趣的广泛性

积极主动地接触不同事物，通过接触、了解，我们极有可能发现：哦，原来我对这个也感兴趣。对自己的兴趣了解越多，无疑越有助于寻找到合适自己的工作。需要注意的是，在兴趣广泛的前提下要有意识地培养自己的中心兴趣，使兴趣具备稳定性。

2. 重视培养中心兴趣

现代社会对人才的要求是博与专，如果一个人兴趣广泛，但没有一个中心的兴趣，没有确定的职业方向，就难以获得事业的成功。中心兴趣可以使人钻研自己的本职工作，发挥自己的潜能，容易获得事业的成功。因此学校、教师在教育和引导大学生培养广泛兴趣的基础上，还要着重培养他们在某一方面的中心兴趣，促进大学生的发展和成才。

3. 培养间接兴趣

在大学生中，还存在着学习偏科的现象。这些同学没有认识到系统、综合的知识学习与未来职业发展需求的关系，在将来的社会中，一个工科大学生如果没有掌握计算机辅助设计技术、英语、写作等知识，就不可能胜任工科类的技术工作。例如，学习编计算机程序和文字输入规则很枯燥，但是，想到将来从事任何职业都需要掌握计算机才会有更好的发展，就会对计算机学习产生间接兴趣，从而克服学习中遇到的困难。

4. 培养兴趣的深入性

就兴趣的深入性而言，有时候我们对某件事感兴趣，是因为看到了事物好的且容易让人接受、掌控的一面。如果兴趣不仅限于事情的表面，继续深入下去也感觉有趣，就将兴趣深化了。比如有不少同学爱玩电脑游戏，如果只是用来消磨时间，就不会将这个兴趣深化。如果思考如何设计新的电脑游戏，便有了深入的方向，一步步前进，从而对电脑游戏的开发设计产生兴趣。

5. 积极参与社会实践活动，培养职业兴趣

对于大学生来说，只通过书本或者课堂上培养职业兴趣是远远不够的，大学生还必须积极参与一定的社会实践活动。一方面，职业兴趣要在真正的社会实践活动中才得以形成和巩固。另一方面，只有参与其中，大学生才能对职业本身产生深刻的认识与了解，并从活动中获得亲身体验，激发自己的职业兴趣。所以，大学生应积极参加社会实践活动，根据社会与自我的需要，有意识地去培养和发展自己的职业兴趣。如可以到学校附近或者到与自己所学专业相关的企事业单位参观实习，这样不仅有助于大学生了解和认识职业的性质、亲身体验工作的乐趣，还可以通过与在岗的职工接触、交流，更深刻地认识自己所学专业的重要性和要获得成功自己所要具备的素质，以便为今后的事业成功创造良好的基础条件。总之，积极参与社会实践活动是大学生培养职业兴趣的重要途径之一。

二、性格与职业自我探索

（一）性格的概念

在日常生活中，有的人勤奋，有的人懒惰；有的人认真，有的人马虎；有的人谦虚谨慎，有的人狂妄自大。这些不同的心理特征是人的性格差异。

性格是在社会生活实践中逐渐形成的，它受社会历史文化的影响，有明显的社会道德评价的意义，直接反映了一个人的道德风貌，一旦形成便比较稳定。性格更多地体现了人格的社会属性，个体之间个性差异的核心是性格的差异。

（二）性格的分类

1. 根据心理活动倾向性对性格进行划分

瑞士心理学家荣格提出从心理活动倾向性上对性格进行划分，把人的性格分为内向型性格和外向型性格（表3-1）。

表3-1　根据心理活动倾向性对性格进行划分

类型	内容
内向型性格	具有内向型性格的人，心理活动倾向于内部，对外界事物缺少关心和兴趣，感情比较深沉，待人接物也比较小心谨慎，处理事物缺乏决断力，然而一旦内向型性格的人对某件事下定决心总能锲而不舍
外向型性格	外向型的人心理活动倾向于外部，感情外露，待人接物果断，独立性强，但具有外向型性格的人也比较轻率

2. 根据心理机能对性格进行划分

英国心理学家培因与法国心理学家李波特等人提出从心理机能上对性格进行划分，按照理智、意志以及情绪三种心理机能中哪一种占优势，将性格分为理智型、情感型以及意志型三种类型（表3-2）。

表3-2 根据心理机能对性格进行划分

类型	内容
理智型性格	理智型性格的人一般以理智来衡量与支配自己的行动,在与人交往的时候表现为明事理、讲道理
情感型性格	情感型性格的人一般情绪体验比较深,言行举止容易受到情绪的左右
意志型性格	意志型性格的人具有比较明确的活动目标,其行为活动具有目的性、主动性、坚定性和持久性

除了以上分类外,美国心理学家威特金还提出从个体独立性上对性格进行划分,将性格分为顺从型和独立型;德国哲学家、教育家斯普兰格提出从人的生活方式上对性格进行划分,将性格分为理论型、经济型、审美型、社会型、权力型与宗教型;奥地利心理学家阿德勒提出从个人竞争性上对性格进行划分,将性格分为优越型与自卑型,等等。

(三)当代大学生的性格特点

1. 过渡性

在现代社会中,大学生正值青年中期,面临着职业准备、婚姻选择、社会角色定位、人际关系拓展等各种问题。由于大学生从时空上脱离了对家庭的依附,身心和周围环境等因素的变化给其性格带来了很大影响,他们经常会提出这样的问题:"我到底是什么样的人?""我在别人眼中的形象如何?"等。他们不得不重新建立自己的形象,因此,青年时期是性格形成的过渡期。

2. 自主性

从儿童到成人的整个发展变化过程中,伴随着生理的成熟、语言的发展、抽象逻辑思维能力和控制自己行为能力的不断增强,人的性格也不断改变。然而,青年期既不同于儿童期,又不同于性格成熟的成人期,青年逐渐摆脱儿童期那种对外部世界的表面肤浅认识,而将自己的注意力集中到发现自我上来。青年大学生开始自己观察、分析、思考、解决所面临的矛盾和冲突，他们喜欢用自己的眼光去看周围的世界，并做出自己的阐释，开始意识到自我的价值，承担起一定的社会责任，行为开始具有自主性、自觉性和能动性。

3. 实践性

学校不可能是脱离社会的孤岛，学校与社会是相互渗透的。大学生可以利用这一阶段接触各种思想观念、价值体系、人生态度，在社会实践中体验内心的矛盾冲突和生活世界中的价值冲突，形成自己的人生观、价值观、世界观。

（四）培养良好性格的途径

1. 通过多种方式培养良好的性格

（1）分析和了解自我

每个人的性格都是有差异的，良好的性格可以促进工作的进行，只有了解自己的性格才能更好地从事工作。因此，要帮助每位大学生科学地分析、评价自己的性格特征，使他们的性格得到锻炼，从而形成良好的性格。

（2）认清自己性格的优缺点

性格就像一把双刃剑，性格的优缺点也是相对而言的。要发挥出性格的最大威力，关键在于扬长避短。每个人都有自己的性格特点，如果能够帮助大学生清楚地知道自己的优点和缺点，在工作中尽量发挥与工作相适应的性格特点，克服性格中与工作相抵触的方面，扬长避短，实现性格与职业的匹配，那么他们离成功就又近了一步。

（3）培养积极向上的人生观

正确的人生观是实现人生目标和生活信念的基础，有了坚定的人生观，大学生的职业性格就会受到生活信念的影响和熏陶，不断向积极、乐观、向上的方向前进。反之，没有树立正确的人生观，人生目标空泛而缥缈，生活的信念和意志日渐消沉，人的性格就会越来越消极、悲观。因此，高校应该通过一系列的措施如人生指导课程等来指引和培养大学生树立积极向上的人生观。[1]

2. 提高挫折容忍力

挫折容忍力是指个体遭遇挫折时免于心理失常的能力，亦即个人经得起打击或经得起挫折的能力。提高挫折容忍力的措施有：

第一，对挫折有充分的思想准备，遇事考虑到可能遭到的挫折，有了思想准备，就能披荆斩棘，不徘徊。

第二，看到挫折有利的一面。适度的压力有利于调动机体能量，思想上的压力常是精神上的兴奋剂。自古逆境出人才，要把挫折看作是对自己的考验和锻炼。

第三，加强意志力的培养。要树立积极的人生观和远大的目标，有意识地寻找一些有一定难度的事磨炼自己的意志——培养百折不挠、勇于探索的精神。

第四，健全心理防卫机制。防卫机制是保护自我不受因挫折而引起的创伤和痛苦损害的一种心理机制，其基本功能是减轻焦虑。防卫机制有积极与消极之分。积极的防卫机制促使人产生奋发向上的力量，是战胜挫折的根本方法。

3. 善于克制和宣泄情绪

大学生对不良情绪要加以克制和适当忍让、回避，以减低或避免激情爆发。宣泄的方式多种多样，如有的学生愤怒时往往暴跳如雷，声音近似怒吼，实际就是一种发泄，可借此把怒气产生的能量发泄出去。如盛怒时找一件体力活猛干一阵，或干脆跑两圈，或者作诗，作画，写书法；在过度悲伤时，不妨大哭一场，因哭能释放能量，把眼泪排出体外，对身体有利，也可以调节机体平衡。值得一提的是，情绪的发泄不应毫无顾忌，而应以不影响他人的学习、休息和工作为原则。

---

[1] 李晓波，杨志春，徐惠红，王飞，庄蕾. 大学生职业生涯规划与发展[M]. 2版. 北京：化学工业出版社，2014.

4. 加强性格锻炼

情绪的波动还和性格有着密切联系。性格不同的人，在情绪活动特征上也会有很大的不同。有的人性格坚强，遇到失意和伤心事能挺得住，而有的人性格软弱，碰到失意和伤心事时，容易被不良情绪所征服。性格豪爽的人，一般小事不会放在心上，不会因此引起情绪的波动。而有的人却相反，喜欢斤斤计较，情绪波动的机会也就多一些。生活中常见的大量不良情绪，都可以找到性格上的原因。比如，容易忧愁的人，一般都有好强、固执、不善与人交往的特点。他们经常感到不称心如意，内心存在着忧虑，考虑问题爱钻牛角尖；情绪上经常处于犹豫、疑虑状态的人，性格往往显得被动、拘谨，依赖性强，缺乏独立性和创造性，总是循规蹈矩，因循守旧；容易烦躁的人，则往往过于敏感，而且习惯于将愤懑的情绪埋在心底。

可见，要保持健康的情绪状态，还必须考虑到自己的性格特征，注意克服性格方面的缺陷。一般来说，性格特征倾向于外向的人，比较乐观，开朗，生活中遇到不顺心的事情时，一般能够想得通，易于在情绪上自我解脱；性格特征倾向于内向的人，在困难面前优柔寡断，在危险面前出现恐惧和畏缩，在受到挫折以后，常心神不安，不能迅速转向新的情绪。

5. 创造健康的社会心理氛围

健康的社会心理氛围是大学生情绪健康的良好基础。某些不良的情绪刺激是社会生活环境导致的。另一方面大学生应积极营造良好的心理氛围，陶冶情操，训练情感，积极寻求宣泄情绪的社会途径。心理咨询是大学生情绪调适的有力支持手段。

6. 学会调节和控制情绪

尽管研究者们不断丰富"情商"的内涵，但其核心的问题仍然是如何有效地调节、有效地控制情绪的问题。因此，从这个意义上，高情商的培养和健康情绪的培养是一致的，都是为了促进人生良好、健康地发展。基于这种考虑，我们在这里将从更广的角度来讨论如何学会调节和控制情绪，而不仅仅从克制和约束情绪表达的方面来进行讨论。

（1）正确地表达自己的情绪体验

在有些人看来，调节和控制情绪就是克制和约束某些情绪的表达，这样就造成了一些大学生不加思索地、一味地压抑自己。实际上，比学会克制、约束某些情绪更重要的是以恰当的方式和方法正确地表达自己的情绪，这也是情绪健康的最根本的要求。那么怎样才算正确地表达自己的情绪呢？

适当的原因和对象，引发与之相适应的情绪反应。也就是说，当事人能明确产生喜、怒、哀、惧等情绪的原因和产生相应的情绪类型。如，在一般情况下，考试成绩优秀、获得奖励、作品发表等会产生喜悦的情绪，当事人应该知道是什么导致了喜悦情绪的产生和为什么喜悦而不愤怒，而不是出现莫名其妙、不明原因的情绪反应。

情绪反应与情境刺激相一致。这里的一致性主要是指刺激强度和反应强度的一致性。过强或过弱的反应都是不正常的现象。如，高考落榜，对每个有求学愿望的学生来说都是一个沉重的打击。但如果有人因此而反应剧烈，达到日不思食、夜不能寐，甚至轻生等，就是反应过分强烈了。而如果有人因落榜而欣喜若狂，也是不正常的情绪反应。通常，人们把能够抑制情绪反应看成是理性的胜利，但从心理健康的角度看，情绪反应过弱也是不正常的。一旦出现笑不敢张口、哭不能流泪、怒不敢言的情绪反应，对人的健康肯定也是有危害的。

情绪反应有一定的作用时间限度。情绪的产生是一定的客观环境和个体认知状况共同作用的结果。情绪反应随着环境和认知水平的变化而变化。如果环境变化没有引起相应的情绪变化，则情绪可能会有非正常反应。如，与某人的一点摩擦，导致人际关系紧张，心里感到很懊恼。但如果过了许多年后仍然为此而耿耿于怀就是不正常的。再如，亲人亡故，恋人失和，情绪反应可能既强烈，持续时间又较长，但如果因此而漫无止境地陷于某种情绪之中不能自拔，就不利于身心健康了。

（2）克服不良情绪

消极的、不良的情绪对身心健康的危害是显而易见的。但怎样才能克服不良的情绪呢？下面的方法仅供大家参考。

宣泄。宣泄是指采用一定的方法和方式，把个体的情绪体验充分表达出来。情绪的宣泄是平衡身心的重要方法。如果情绪得不到适当的宣泄，则会

第三章　大学生就业概述

积压于身心，使身心健康受到影响。从心理健康的角度，不仅不良情绪需要宣泄，愉快的情绪也需要宣泄。

情绪宣泄可分为身体和心理两方面。身体方面的宣泄，如哭，笑，参加体育运动、文艺活动等。身体方面的宣泄，应以不损害自己、他人和社会的利益为原则。心理方面的宣泄指借助于与他人谈话和讨论来调整认知与改变一些不合理信念的过程。

与宣泄相对应的压抑，会造成心情紧张、烦恼，引起生理和心理功能紊乱和下降，引起情绪泛化，而影响正常的学习和生活。

转移。转移是从主观上努力把注意力从消极或不良的情绪状态转移到其他事物上去的一种自我调节方法。转移能够对不良情绪起到控制和克制作用，有其生理和心理的内在机理。一些研究表明，在发生情绪反应时，大脑中心有一个较强兴奋灶，此时如果另外建立一个或几个新的兴奋灶，便可抵消或冲淡原有兴奋灶的中心优势，如，当感到苦恼、压抑时去参加一些娱乐活动，便可使不良情绪有所缓解。当然，转移的方式，是看电影、下棋、打球还是去跳舞、散步，应根据个人的具体情况而定。

自我安慰。对于每个人来说，不可能所有的需要都能得到满足。为了缓解挫折的心理和由此而带来的不良情绪反应，要学会找出合乎情理的原因来为自己辩解和解脱。如考试不理想，可用"胜败乃兵家常事"来进行自我安慰。有时自我安慰是一种自欺欺人的行为，偶尔用一下对于缓解紧张情绪有积极的作用，但经常使用，可能导致当事人不能正确认清现实，不能恰当地评价自我，反而对身心健康造成不良的影响。

积极的自我暗示。自我暗示是运用内部言语或书面语言以隐性的方式来调节和控制情绪的方法。比如当意识到自己的情绪过分激动时，使用内部语言"冷静一点，再冷静一点"，就可能使情绪得到控制。另外"不能恼火"，"不要紧张"，默读"1，2，3，4，5，6，7"，然后马上离开，"我很放松"，"我很舒服"等，都是与某些不良情绪相对应的内部语言。另外，日记中的自我激励、自我安慰等对情绪都能起到控制和调节作用。

调整认知结构。认知心理学认为，认知是人对刺激做出反应的中介，认知对情绪、行为有决定作用。在这个意义上，若认知过程发生错误，就可能导致错误观念，继而产生不适应的行为和情绪。由于心理发展还没有完全成熟，许多大学生对于周围事物的想法或观点容易出现偏差,继而带来情绪困扰。因此,对于心智发展水平很高的大学生来讲,通过调整认知结构,客观、合理地分析和评价引起情绪变化的主客观原因,不失为调节和控制情绪的好方法。

(3)保持和创造快乐情绪

细心的读者不难发现,在前面的笔墨中,谈及情绪问题,人类似乎只是一个被动的承受者。实际上,作为"万物之灵""宇宙之精灵",人类不仅具有改变不良情绪的能力,更具备创造快乐情绪的能力。我们认为如下方法可以帮助你保持和创造快乐情绪。

知足常乐。知足常乐的秘诀在于把理想和需要定得切合实际,增加获得成功体验的机会。

增强自信心。只有自信的人,才能是快乐的。增强自信心是获得愉快情绪的基本条件。

创造快乐。快乐离每个人都不远,但有人善于发掘它,有人却任其从身边悄悄溜走。善于创造快乐的人,一是善于用微笑迎接困难,从战胜困难的努力中寻找自己的乐趣;二是善于从身边平凡的琐事中发掘乐趣,积极参与生活,体验生活乐趣。

多点宽容,少些责备。这里的宽容既包括对自己,也包括对他人。对于处于成长关键时期的大学生来说,对自己严格要求,为自己设立一定的目标并为之努力,是进取的表现。但当目标过高,对自己要求过严甚至苛刻时,就会给自己的身心带来不良影响。对他人也是如此。如果多点宽容、少些责备则有助于保持快乐情绪。

多交朋友。培根说:如果你把快乐告诉一个朋友,你将得到两个快乐,如果把忧愁向一个朋友倾吐,你将被分掉一半忧愁。多交朋友具有缓解痛苦、增加快乐的功能。

7. 培养高级情感

情绪和情感都是人在活动中对客观事物所持的态度的体验。但两者又是有区别的。情感不仅与个体需要相联系,更与社会需求密切相关。我们认为,从两者的关系可以看出,任何情绪都是一定情感状态下的情绪,任何情感都可以通过一定情绪状态表现出来。因此,培养健康情绪的一个关键环节是高级情感的培养。

（1）大学生的高级情感及其特征

高级情感是指人的复杂的社会情感。它反映了人对真、善、美的追求，对假、恶、丑的憎恨。按照苏联的分类，高级情感又可分为理智感、道德感和美感三种。

理智感。理智感是人在认识客观事物、探求真理的过程中，求知欲、兴趣和创造意识等需要是否获得满足时所产生的情感体验。理智感在智能活动中产生，反过来又推动着人的认识水平的提高，成为人们认识世界和改造世界的动力。所以，理智感实际就是人们追求真理的情感。理智感在人的智能活动中的作用是巨大的，它是大学生重要的精神力量和必备的心理素质。

道德感。道德感是反映一定社会道德规范所形成的道德需要是否得到满足而产生的情感体验。这是在一定社会文化背景下，根据道德准则和规范来认识和评价他人和自己的言行所产生的主观体验。对大学生来说，道德感主要包括：对祖国和民族的自豪感和尊严感，对敌人的仇恨感，对不良行为的正义感、鄙视感，对集体的集体感、荣誉感，对同学的友谊感，对学习、劳动及社会活动的义务感、责任感，对事业的使命感等。

美感。美感是客观事物是否符合个人审美需要而产生的情感体验。美感的水平同文化修养、能力和个性特征密切相关，也与时代性、民族性有着不可分割的联系。按照审美对象来划分，美感可被分为：自然美感、社会美感、艺术美感和科学美感等。美感是从具体的形象得来的，因此具有形象直观性和可感性。如，对自然事物的赞美，对社会生活的向往和对人与人之间和谐关系的称羡，对音乐、美术、舞蹈的欣赏，通过人类对大自然的意志力量和创造力量来体验科学美感等，无一不体现这种特性。美感包含内容的丰富性和复杂性，以及大学生校园活动的特殊性，决定了大学生的各类美感都有一定程度的发展。但是文化水平、能力和个性特征的差异性，又决定了其比其他情感有更明显的差异性。

（2）培养高级情感的主要途径

情感特别是高级情感是与社会需求密切相关的。更准确地说，高级情感是在一定社会条件下，个体需求与社会需求相整合的结果。只有被个体和社会都接受的需求，才有助于个人发展和社会进步。

认识自己，认识社会。认识自己、认识社会是培养高级情感的第一步。只有对自己有较全面而深刻的认识，才能发现自己的需求是什么，也只有认识社会，才能在个体需求和社会规范、社会需求之间建立和谐的联系。

丰富知识和经验。对客观事物所持的态度和体验往往是与个体对客观事物所知多少及已有的经验分不开的。只有在丰富的现实生活中，积累大量的知识和经验，才能不断提高认知水平，建立合理的认知结构，用科学和合理的思维方式去处理智能活动中、社会生活中和科学实践中的问题。而积累大量的生活经验，是以丰富的生活内容为基础的。如果一个大学生不乐于参加课外活动，整天过着宿舍、食堂、教室三点一线的单调日子，就会感到生活单调、无聊，甚至精神空虚，理智感、道德感、美感必然得不到良好的健康的发展。①

优化个性品质。发展和培养高级情感离不开个体所具有的个性特征状况。一个具有热情、开朗、心胸开阔、乐于助人的个性品质的人，他对社会、自然的感受与一个个性孤僻、心胸狭窄、沉郁的人对社会、自然的感受肯定是不同的，这也决定了对社会需求的差异性，这种差异性则深刻地影响个体需求与社会需求的协调关系。在个性品质中，意志品质将对培养高级情感产生深刻的影响。因为意志薄弱者永远做自己不良情绪的俘虏，只有意志坚强的人，才能做自己情感的主人。从这个意义上讲，优化个性品质特别是意志品质是培养高级情感的重要途径。

三、能力与职业自我探索

（一）大学生应具备的基本职业能力

大学生应具备的基本职业能力包括以下几方面。

---

① 李晓波, 杨志春, 徐惠红, 王飞, 庄蕾. 大学生职业生涯规划与发展[M]. 2版. 北京: 化学工业出版社, 2014.

1. 社会适应能力

社会适应能力，主要是指人为了在社会上更好生活生存而进行的心理以及行为上的各种适应性的改变，并对改变做出行动的一种执行适应能力。随着外界环境与时代的变迁，人的思维习惯、思想认识、价值观念、行为方式、生活方式以及交往范围等都需要改变和适应。伴随着经济全球化的发展，人们在各方面的交流日益增多，而现代社会也更加复杂多变，大学生要想保证自己从学校顺利地向社会过渡，就必须提高自己的社会适应能力。

很多大学生在走上工作岗位后，会发现很多在学校学习的知识用不上，又有一些知识不够用等。而且，尽管大学阶段是学生向社会角色过渡的阶段，但是大学校园相对于复杂的社会来说，环境仍比较单纯，学生的思维方式以及行为方式与社会人的完全不同，所有的这些要求大学生在走上社会之后不断调整自己，不断提高自己的社会适应能力。

2. 表达能力

表达能力主要是指以语言、文字或其他方式阐明自己的观点、意见或展示自己思想感情的能力，一般包括口头表达能力与书面表达能力。口头表达能力要求语言要具有流畅性、灵活性以及艺术性。而现代社会的发展，对人的口头表达能力的要求也越来越高。与口头语言表达不同，书面表达则主要借助文字来表达自己的思想、感情等。它要求文句要具有逻辑性、艺术性和条理性。

3. 创新能力

创新能力，主要是指用个人所具备的知识，通过不断的探索研究，在头脑中独立地创造出新的思维、提出新的见解和做出新的选择的能力。对于经济竞争来说，创新能力是其发展的核心动力，是各种智力因素和能力素质在新的层面上融为一体、有机结合后所形成的一种合力。

随着现代社会步入知识经济时代，创新能力成为人们取得竞争优势的必备素质之一。因此，大学生要想在日后的工作中能有所发明，有所创造，有所见解，那么就要有意识地开拓创新意识，加强开拓创新能力的锻炼。

4. 组织管理能力

组织管理能力，主要是指为了有效地实现目标，灵活地运用各种方法，把各种力量合理地组织和有效地协调起来的能力，包括策划、组织、实践、协调、决断、指导与平衡等多方面能力。目前，用人单位也普遍欢迎具有一定组织管理能力的大学生。因此，大学生应不断增强自己的组织管理能力，为自己日后的发展奠定基础。

5. 人际交往能力

人际交往能力，主要是指择业者以社会认可的方式，妥善处理人与人之间的关系，并能与他人和谐共处、共同发展的能力。在当今社会，人际交往能力越来越被重视，而对于一个集体或者团队来说，良好的人际关系则意味着力量与事业的发展，因此，很多用人单位非常重视大学生的人际交往能力。

人际交往能力如此重要，但是很多大学生仍没有给予足够的重视，或者产生错误认识。人际交往能力绝非简单的人与人之间的接触，它包含的内容非常广泛，如人际感受能力、人事记忆力、人际理解力、人际想象力、风度和表达力以及合作能力与协调能力。大学生步入社会工作，要想在工作中充分施展自己的才能，必须要学会处理各种人际关系，具备一定的人际交往能力。

（二）大学生提升职业能力的方法

1. 调查方法

调查方法是搜集信息的重要方法，也是把握学生特点和思想轨迹的传统方法。通过调查，我们可以获得学生的自然属性、特定时间里的事件及其发展情况、学生的品质特征及其频数分布等方面的信息。

调查方法多种多样。从调查范围看有普查、抽样调查、个案调查等；从调查技术看有问卷调查、口头访谈、集体座谈等；从调查途径看有直接调查和间接调查。各种调查方法各有其优点和局限性。如问卷调查可以在较短的时间内获得大量的信息，而且费用较低，被调查者可以不署名而无心理压力，但这种方法受到被调查者填写时的随意性和不完整性的局限；访谈调查可以较为充分地了解被调查者的信息，可以即时解释一些理解上的问题，然而访谈调查存在费用高、对访谈者的要求严等局限性。

我们要根据问题的需要和可能的条件选择合适的调查方法，切忌以方法为中心，为调查而调查。虽然我们可以经过不断的实践逐步掌握和灵活运用各种调查方法，但我们要切记在调查（尤其是问卷调查）活动中争取获得专家的支持和帮助。

2. 观察与实验方法

观察方法可以获取有关学生外显行为的信息，它分为参与性观察和非参与性观察。参与性观察就是观察者参与被观察者的活动，在一起活动（如一起游乐、一同上课等）的过程中观察被观察者的情况；非参与观察就是观察者在边上或隐蔽的地方观察被观察者的活动。无论是哪种方式的观察，都要注意和搜寻每个细节，并做好记录，都要实事求是，不干扰、不左右被观察者的活动。

实验是目的性更加明确的控制性观察，有能确立变量之间的因果关系等突出的优点，也有难于控制等局限性。由于实验的设计可以使得偶然性对于事件过程的影响达到最小值，有人不无道理地断定"被动的观察得来的事实的确定性，不如人为的实验结果的确定性"。我们要努力学会和运用观察与实验方法。

3. 心理测量方法

心理测量旨在了解学生的心理特质之间、心理特质与外界因素之间的相互关系，建立可使事物数量化的值或量的渐进系列，即量表。心理测量的技术难度较高，我们可以委托或聘请有关专家帮助我们的工作。

4. 文献分析法

与前述三种方法相比，文献分析方法是不需与学生直接接触，而是通过对相关文献内容的分析以获取信息的技术方法。这里的相关文献主要指学生的作品，如学期论文、在班刊和校刊及其他地方发表的各种文学作品，这些作品都是学生思想和观点的记载。这种方法有学生的无反应性、客观性、连续性和低耗性等优点，也有时滞性强、不完全性等不足。

5. 数据处理方法

运用上述调查方法、观察与实验方法、心理测量方法和文献分析方法所获取的信息中，经常含有大量的数据。对数据的处理，我们往往停留在描述统计的水平，只是以绝对值、平均值、差值、百分比等说明问题。而对于数据的推理统计等处理方法知之甚少，用之更少。这种状况造成数据的浪费，更严重的是在一定程度上影响了我们根据某些数据所做的判断的准确性。

比如，关于某个变量的数据，如果不进行推理统计，与其他变量一起进行相关分析，数据的作用就不够充分；关于某项指标的两个不等值数据，如果不进行推理统计，就只能知道其差异，而这种差异是否显著就无法判断。如果我们过多地计较并不显著的差异，或注意不到实际存在的显著差异，那么我们由此所把握的学生特点和思想轨迹就失之偏颇，甚至是截然相反。

通过上述几种方法，我们可以把握学生的特点和思想轨迹，同时要综合利用以下基本渠道。

（1）学生的成长经历。目前在校的大学生中，绝大多数是独生子女，他们成长于改革开放、竞争激烈的时代。他们上大学之前的成长经历，对其世界观、人生观和价值观的形成有着重要的影响。我们不仅要在宏观上考虑来自农村或城镇、来自独生子女家庭或非独生子女家庭、来自经济发达的沿海地区或欠发达的中西部地区的学生之间的横向差别，而且要考虑学生的成长过程和包括家庭在内的客观环境等的纵向变化。横向或纵向差距较大的学生生活在一起，互相之间的影响也较大。通过对学生的成长经历的考察，我们就能历时地把握学生的特点和思想轨迹。

（2）学生的课程学习。学生在校期间最主要的规定任务就是在老师的教导下完成学习计划。学习教学计划规定的课程或自己选修的其他课程占据了学生相当比例的时间，学生在课堂上的言行表现、对教学活动安排和老师的意见和建议、对课程内容的反映和掌握程度、专业思想的形成过程和当前状况、教师的教书育人情况和对学生的影响等等，都是我们在把握学生特点和思想轨迹时要掌握的重要情况。因而学生的课程学习活动是我们把握学生特

第三章　大学生就业概述

点和思想轨迹的重要渠道。

（3）学生的课外生活。大学生的课外生活是丰富多彩的。相对于课堂学习来说，课外生活更轻松自由，学生基本上是从个人兴趣出发参与校园和社会生活，因此，大学生的课外生活更能够真实地体现学生的性格特征、思想状况和学生的其他背景材料，成为充分了解学生的重要渠道。如果我们不去了解学生的课外生活，就无法全面准确地把握学生的特点和思想轨迹。

（4）学生在重大活动或事件中的思想和行为表现。全班性的活动、全院系的活动、全校性活动、全市性乃至全国性的活动，都是相应范围的重大活动，以重要内容为主题的活动也是重大活动。学生对重大活动的看法、想法、意见和建议，是主动参加还是被动参加，在活动中的积极性程度和行为表现等情况，对我们了解学生的特点和思想轨迹很有帮助。我们通过国庆庆典活动、校庆活动等渠道对学生的特点和思想轨迹有了进一步的认识和把握，充分说明了学生在重大活动和事件中的思想和行为表现的重要意义。

（5）学生留给别人的印象。学生都生活在集体中，在集体生活中总能给其他成员留下印象；学生免不了要与老师交往，总能给老师留下印象；学生一般都会向家长汇报在校期间的所思所想、所见所闻，总能给家长留下新的印象。这些印象总能在一定程度上反映学生的特点和思想轨迹。如果我们能够通过学生的同学和朋友、老师和家长了解到这些印象，无疑有助于我们对学生特点和思想轨迹的把握。

（6）计算机网络。计算机网络对学生的可能的影响还有待进一步调查和研究。但我们不难发现，学生在现实空间中不相信的许多事物是因其形式，而不是内容；在虚拟空间中相信的许多事物是因其内容，而不是形式（往往不知道其形式）。这说明，学生在虚拟空间中的思想和行为表现有别于物理空间中的表现。

在计算机网络飞速发展的时代，我们必须高度重视和积极利用这一新的渠道。我们曾经遇到过因有人不负责任地在电子公告板（BBS）发布谣言或煽动性信息而让人误解或引发不良事件等情况。这有力地说明了利用计算机网络对于了解和把握学生特点和思想轨迹的重要性。

四、价值观与自我探索

（一）努力培养择业的信心

大学生应在提高自己专业能力的同时，加强对心理健康知识的学习。学校应通过各种形式的讲座、丰富多彩的活动，让学生面对现实、了解现实，提高大学生的择业信心，使他们在校期间以饱满的热情投入学习和工作中，为将来的就业做好准备。

（二）树立正确的职业价值观

1. 正确处理好"专业对口"的问题

"专业对口"是指所学专业能够与岗位相匹配。但随着岗位变化，有部分专业已经找不到自己对应的岗位了，而一些新的岗位没有对应的专业。很多高校采取了"重基础，宽口径"教学理念来应对这种情况。所以，大学生应当树立"专业不代表岗位"的理念，正确处理好"专业对口"的问题。

2. 把握好自我特点与社会需求的关系

在社会需求的大背景不断变化的今天，处理好社会需求与自身特点的关系，对树立正确职业价值观尤为重要。如果大学生的选择不符合社会大的需求，那么其发展空间就不会很大。因此，大学生应把握好自我特点与社会需求的关系。

3. 把握好各种价值取向的平衡实现

每个人都有很多职业价值取向，虽然目前你认为某一项取向特别重要，但不等于其他职业取向不重要。当你实现了你认为特别重要的取向后，其他职业取向反而显得更重要了。这就像一个人生存需要水、食物、空气一样，当你渴了的时候，水很重要，喝完水，食物、空气就显得尤为重要了。所以，要把握好各种价值取向的平衡实现，不要过于看重某一方面。

（三）努力提高自己的核心竞争力

目前很多在校大学生狂热地追求各种资格证书，但是通过对用人单位的调查发现，用人单位在招聘中比较注重的是综合素质较高的人才。因此，培养个人的职业核心竞争力，提高综合素质是择业成功的关键。高校大学生应加强综合能力的培养，以提高自己的核心竞争力。

第三节 大学生职业生涯规划

一、职业生涯的内涵

"生涯"的英文是career，原意为古代的战车，后来引申为人生的发展道路，又指生活中各种事件的演进方向和历程。"生涯"的概念是广于"职业"的。我们可以将"生涯"理解为介于"生命"和"职业"之间的概念，它的外延并未大到与"生命"等同，但也未小到与"职业"等义，其内容是比较宽泛的，具有丰富的内涵与自身的特性。职业生涯是个人一生的职业道路和发展历程。纵观个体职业生涯的进程，个人的特质和经验，包括心理特质、生理特质、家庭背景、外部环境状况及地震、意外、疾病、死亡等不可预测的因素，都对个体的职业生涯产生影响。在这个进程中我们也不难发现职业生涯的特点。

（一）独特性

职业生涯是个人依据人生理想逐渐展开的一种生命历程。每个人的职业生涯都会有自己独特的发展轨迹，也许某些人在形态上有相似的地方，但其实质可能是完全不同的。

（二）阶段性

职业生涯会随着年龄和阅历的增长分为不同阶段，人在不同阶段需要完成的任务及承担的角色也有所不同。

（三）发展性

职业生涯是随着外部环境和自身条件的变化而不断发展与完善的，即是一个动态的发展历程。不同阶段随着职业生涯的目标逐步实现，人生视角更加广阔，正所谓"登高望远"，追求的目标也会不断提升。

（四）互动性

职业生涯并不是独立的。个人的职业生涯与社会文化、政治、经济等因素息息相关，同时与自身的生活、学习、家庭等密不可分。

二、职业生涯规划的概念

职业生涯规划又称为"职业生涯设计"，普遍认为是著名管理学家诺斯威尔（William J. Rothwell）首先提出这个概念的。他认为，职业生涯设计就是个人结合自身情况及眼前制约因素，为自己实现职业目标而确定行动方向、行动时间和行动方案。尽管之后其他学者对职业生涯规划的概念有不同的理解，但各种理解上的差异并不能掩盖职业生涯规划在人们观念中的共识。应该说，诺斯威尔的定义从一开始就为职业生涯规划定下了基调，具有典型意义。①

三、职业生涯规划的原则

原则是行动的基本规范，也是行动取得预期效果的行动指南。良好的职业生涯发展规划应既有利于个人职业生涯活动有出色的表现，又有利于个人的整体发展、家庭生活质量的提高和社会的和谐进步。因此，要做一份良好的职业生涯规划，就必须遵守下列基本原则。

（一）实用性原则

一份职业生涯发展规划不管表面多么诱人，都得经过实践的考验。因此，在进行职业生涯规划时必须讲求简便易行的实用性原则。在实用性原则里，应考虑目标是否符合自己的性格、兴趣和特长，能否在规定的时间内完成，实现目标的途径是否能在自己的特质、社会环境、组织环境等范围内执行，可行性有多大；在执行职业生涯发展规划的过程中，自己能否随时掌握执行的情况，能否进行有效的评估等。

（二）可行性原则

职业生涯发展规划涉及很多具体的任务和实施步骤，因而要求规划者不仅要具备规划的意识，更应在规划中体现操作的程序环节。一份好的职业生涯规划，其操作性最终会落实为时间、地点、资源、对象和程序的具体化内

---

① 刘新玲，等.大学生就业导航[M].厦门：厦门大学出版社，2000.

容，以此保证规划可以通过实施者的行为活动完成。规划要依据个人的特点、社会的发展需要来制订，若是具体规划，还不可避免地要明确其中的人、事、物相关资源的取得、调整和利用等操作手法。

（三）针对性原则

在现实生活中，每个人的成长方式和发展历程是不同的，每个人的生活习惯和性格爱好也是不同的，因此，尽管很多人的专业和从事的职业工作相同，但他们并不能通用一份职业生涯规划。在通常情况下，对使用者来说，个别化了的职业生涯规划才是好的职业生涯规划。这是因为一份好的、充满个性和有针对性的职业生涯规划，其出发点是指向使用者本人的，是能够体现其个性、个人特质和其个别化的资源配置和利用的。因此，在制订职业生涯规划时，也一定要遵循针对性原则。

（四）阶段性原则

阶段性原则指的就是在进行职业生涯设计时，要充分考虑自身所处的不同发展阶段，有目的、有步骤、有计划地调整和安排各个不同阶段的职业生涯计划。人生所处的阶段不同，生活的主要内容以及奋斗目标也会有所不同。

（五）独立性原则

独立性原则是指在进行职业生涯规划时要有自己的主见，根据自己的志向和判断独立地做出职业选择，不能过分地依赖他人，更不能把自己的命运决定权给予他人。在大学生择业时，其周围的人，如父母、亲戚、朋友和老师等，都会给出一些建议，提出他们的期望。这些建议与期望的出发点都是好的，但是，他们的价值观和考虑问题的角度不可能与大学生自己的想法完全一致，所以，他们的建议未必会符合大学生个人的发展实际。比如，有的大学生家长可能一心期望自己的孩子能成为一名政府官员或是成为一名教师，于是劝自己的孩子进入机关或学校工作，但大学生自己却觉得官场与学校的生活都不适合自己，而更愿意在技术领域做出一番成就，这个时候就需要大学生自己进行人生的考虑，自己拿主意，把握命运，毕竟只有自己才最了解自己，才清楚自己的长处与短处在哪里。

（六）明确性原则

规划是预测未来的行动，确定将来的目标，规划中的各项措施与行动应该有清晰明确的时间表，各项主要行动何时实施、何时完成，应有明确的时间和顺序上的安排，以作为检查行动的依据，及时评估和修正。

四、职业生涯规划的五种基本能力

（一）认识能力

了解自己的兴趣、能力、性格和职业价值观。喜欢从事学术研究的人和喜欢从事务实工作的人在职业生涯规划上有很大的不同：前者考虑大学毕业后继续深造，培养研究能力；后者可能考虑先直接工作。如果不能对自己有一个正确的认识，往往会舍其所长，就其所短。

（二）生涯决策能力

生涯决策通常由设定目标、建立行动计划，找出各种行动方案、评估可能结果的利弊得失，系统排除不适用的方案和开始行动几部分组成。一些理想型的大学生在就业的过程中容易出现生涯决策犹豫的心理，从而错失就业良机。

（三）收集有关生涯发展信息的能力

了解各种职业的结构，包括专业学科用人趋势、经济状况、社会需求以及发展的空间与前景等。对周围环境认知不确切，对环境估计不足会出现坐等心理。

（四）发展推销自己的能力

找工作除了自身的实力外，还需要提高求职技能，如参加和学习与就业方向有关的暑假工作、社会实践活动，撰写专业学术文章、提出自己的见解，积极参加招聘活动，进行模拟面试训练、强化求职技巧，等等。

（五）了解自己所追求的生活形态，发展适应工作的能力

职业没有高低贵贱之分，做到极致都可以成功。不同的职业决定个人在什么样的环境下工作，和什么样的人共事，以及每天的作息、休闲、家庭生活如何等。当然，有时也会碰到许多挫折和不快，使我们产生怀疑，这时就要学习一些自我调适的方法。当你修正自己的做法后，如果还是成效不大，无法平复内心的不满、压力和倦怠感时，这时你可能变了，以前的兴趣已不再适用了。这时，你可能要回到职业生涯规划的某一点，再次找寻一个适合成长后的你的职业生涯。也有可能，你需要检视自己在工作、情感和自我成长这三件大事上是否取得了平衡，毕竟生命是一段旅程，而不是目的地。

五、职业生涯规划的误区

（一）认为兴趣就是职业

在现实生活中，有些大学生喜欢将兴趣当作自己的职业目标，其实兴趣

并不等于职业。在进行职业生涯规划时，我们的确应该将兴趣爱好作为选择职业的重要因素，但它不是唯一因素。一旦把兴趣爱好与工作职业合一，人生的三角平衡就会被打破，就要忍受工作中的更多寂寞和孤独。

（二）认为职业生涯规划不需要进行调整与修改

职业生涯规划是一个不断发展的过程，保持灵活性、适时地评估与调整是必要的。整个社会大环境在发生变化，职业本身在发生变化，应对这些变化的唯一方法就是做好规划和准备。有效的职业生涯规划必须处理好灵活性与稳定性之间的关系。当然，调整也应适度适时，绝不能朝令夕改。如果规划不断地修订与变化，也将很难发挥其引领作用。

（三）过分否定自己

进行职业生涯规划时需要进行自我评估，其目的在于找出自己的优势和不足，从而找出适合自己发展的职业目标。但很多的人看不到自己的优势所在，对自己过分否定，从而丧失信心，制订的职业目标过低，不利于个人职业的发展。

（四）目标设置过高

拿破仑曾说过"不想当将军的士兵，不是好士兵"，这说明一个人，应该有远大的志向，但是在现实生活中，将军的位置毕竟很少，如果大家的目标都是当将军，丝毫不顾自己的能力高低，那么势必会有主观愿望与客观条件产生差距的情况存在，从而导致在执行规划时会产生很多的挫折。因此，判定职业前程时，要从实际出发，切实可行。

（五）守株待兔

很多人坚信成功者是由于有好的运气，碰上了好的机会，因此，他们就如同守株待兔中的那个农夫一样，天天等待着"兔子"的到来，而不是主动地规划自己，武装自己，去寻找"兔子"，这样的人，即使有"兔子"出现在自己的面前，他们也会因为自身的准备不足而与它失之交臂。

（六）只考虑个人兴趣和爱好

有些大学生在选择专业时由于种种原因，选择的专业与自己的兴趣爱好并不相同，甚至有可能截然相反，比如有些人虽然没有选择音乐专业，但是很喜欢唱歌，希望成为歌手，如果自身不具备一定的演唱天赋，这个职业目标是很难实现的。因此，只有兴趣爱好，只有对某种职业的热情而不具备相应的能力，这样的职业生涯规划是没有意义的。

（七）见异思迁

有些学生在制订职业生涯规划时，盲目跟风，制订好了以后，看到这种职业收入高就想从事这种职业，看到那种职业收入高又想从事那种职业，变来变去的，没有定性，从而导致职业生涯规划根本不起作用，违背了制订职业生涯规划的初衷。

六、大学生职业生涯规划的意义

（一）有利于促进个人努力工作

职业生涯规划的制订将会给个人树立一个明确的镖靶，明确了目标，个人才能奋勇前进。随着职业生涯规划内容的实现，个人的成就感会不断地增强，这将有利于促进自己进一步向新的目标前进。随着职业生涯规划的不断实现，个人的工作方式和思维方式也将不断地完善。

（二）有助于个人抓住工作的重点

职业生涯规划能够帮助我们评价工作的轻重缓急，并合理地对日常工作进行安排。一个人若是没有职业生涯规划，就会很容易被与人生目标无关的日常事务缠绕，甚至沦为琐事的"奴隶"，无法实现人生目标。职业生涯规划就是为了帮助个人抓住工作的重点，增强成功的可能性。

（三）有助于个人评估自己的工作成绩

职业生涯规划的一个重要功能就是向个人提供了一种自我评估的重要手段。具体规划的每一步实施结果就是可见、可测和可评的。制订了职业生涯规划，个人就可以根据规划的进展情况对自己目前已取得的成绩进行评价。

在当前这个时代，只有制订一个好的职业生涯规划，我们才能掌握好自己的竞争优势，发挥个人的潜能，并充分把握稍纵即逝的机会，实现预定的目标。

（四）促进人全面发展的重要手段

随着生活水平的提高，人们的自我意识逐步增强，人们的要求已经不仅仅是停留在健康、财富的基础上了，而是渴望获得全面发展，大学生要对自己有一个全面的认识，要根据自身情况选择人生的发展路线，这就离不开职业生涯规划。

（五）帮助大学生提升自身的价值

在职业生涯规划的过程中，要求规划者对自身的价值重新进行评估，并通过层层递进的评估重新审视自己，重新认识自己的价值。在此基础上，根据职业方向来确定制订相应的行动计划，从而进一步增强自己的职业竞争力，提升自身的价值。

（六）帮助大学生立足现有成就确定高尚奋斗目标

事实证明，许多在事业上失败的人，并不是没有知识和能力，而是在于他们没有很好地规划自己的职业生涯，只有明确了目标，大学生才有奋斗的方向，才会积极地创造条件实现目标；只有明确了目标，大学生才能找到与自己最匹配的职业发展道路。

第四节　大学生择业管理与观念转变

一、大学生择业管理的意义

人们去工作，从客观上来看是为了维持社会系统运转而从事一项活动，从主观上来看不外乎为了满足物质的和心理的两种需要。物质需要包括为维持生计所不可缺少的衣、食、住、行等基本需要，心理需要则包括除了温饱外的一些更高层次的需要，如维护和充实自我，体现自身的价值，实现某种理想，等等。大部分人去工作是为了同时满足这双重的需要。在经济发达的社会中，维持生计常常不只是工作的一个附带（尽管是必不可少的）目的，更重要的往往是为了满足个体心理上的需要。

每一个人都希望能维护自身的尊严，能被他人和社会所接受、赞赏和尊重。追求出类拔萃已成为人类的基本心理需要之一。在现代人看来，高成就是提高个人地位的基础，而且是自尊心的核心。因此对许多人而言，工作就成了改善人的地位和自尊的最重要的来源。每一职业都将它的挑战和奖赏提供给高成就者。如果一个人在日常工作中受到挑战和奖赏，他会感到自己是

第三章 大学生就业概述

幸运的，他的职业选择是明智的，并会继续以极大的热情和创造性去完成他的工作；如果一个人在工作中不能获得成就，不能得到奖赏，这项工作对他就失去了心理上的意义。尽管不影响生计，他还是会感到精神压抑，希望更换职业，以期能够充满活力地生活。研究显示从事能够带来乐趣、激奋和尊严的工作有利于人的长寿；如果长时期不得不从事毫无乐趣、使人厌倦的工作则很容易导致人的身体和心理上的疾患。

（一）有助于大学生职业的选择

择业是整个人生历程中一个至关重要的选择。对一名大学生而言，当受到种种因素的限制（如父母的意愿、所学的专业、身体的条件等）而可供选择的机会不多时，面临的主要问题就是职业上的适应。当选择的余地很大时，则需考虑到影响自己做出选择的众多因素，并充分利用科学所能提供的一切帮助来完成这个抉择。可能影响大学生择业的常见因素如下：

兴趣。对多数大学生来说，对某种职业是否感兴趣往往是择业的一个重要条件。一般说来，只有对自己从事的职业有浓厚的兴趣，才会迷恋其中，发挥自己在这方面的才能，才会具备克服困难的决心和毅力去努力做出成就，并从中获得满足。但是如果把兴趣作为择业的首要条件，也可能失之偏颇，因为在并不复杂的生活经历中做过的事情不会很多，而人对于自己没有做过的事并不能准确地判断自己是否对其感兴趣。只要你善于从你从事的工作中找到乐趣，那你就不难获得成功。[1]

每种职业都有其社会价值、经济价值和心理价值。职业的社会价值常随社会环境的改变而改变，职业的经济价值常用收入水平及一些潜在的经济利益来衡量，职业的心理价值则因人而异。职业的这几种价值在每个人心中的权重是不一样的。有人注重职业的社会价值，宁可放弃外资企业中的高薪职位而去做政府公务员；有人只注重职业的经济价值，只要高收入，其他都不重要；有人则更注重职业的心理价值，他选择医生这个职业可能仅仅只因为

---

[1] 钱建国.大学毕业生就业指南[M].武汉：武汉大学出版社，1999.

它是一个救死扶伤的崇高职业。在择业过程中，若希望这三种价值都让你满意，恐怕很困难，你必须有所取舍。

工作环境，包括工作场所的条件和有无升职的机会。工作场所的条件已渐成为都市人择业的一个重要因素。如大公司的办公室文员，工作内容单调，枯燥，收入水平一般，但工作场所清洁、舒适，因此被许多学文科的女大学生看好；而如航海、地质等野外作业的职业则较少有女生问津。另外，不管是从事技术性工作，还是行政、管理性工作都希望有升职的机会，如获知升职的可能性不大，这个职业就对许多大学生失去了吸引力。

所学专业。在我国过去的大学生就业制度中，所学的专业与从事的职业有直接的关系。随着市场经济的发展，用人单位更加注重人的综合能力而不再仅仅是专业是否对口，跨专业、跨行业就业已不再是新鲜事。

职业信息。随着计算机技术应用的日益广泛，人们在传播和获取信息方面也越来越方便，快捷。在择业过程中充分了解就业市场供需情况的总体信息和具体职位的分布情况将为你做出合适的选择提供帮助。

职业的选择是每一个人的特权，不少大学生在面临择业时感到茫然、混乱，还会有一种不安全感。大学生择业是面临着一次挑战和决策，出现不安全感是正常的心理反应，重要的是如何解除不安全感。

避免做出任何努力而运用种种心理防御机制来解除不安全感（如对自己说："别着急，车到山前必有路。"）是不健康的做法。如果他求助于他的师长、朋友，让他们来为他做出决定，也就是将解决问题的责任推给他人，那么他是不成熟的，这种解决方式称依赖安全感。如果他就择业问题请教了师长、朋友后做出了自己的选择，并担负起责任，他就表现了独立安全感，这是对人的成长最有帮助的方式。

（二）有助于大学生职业的改变

有意义的工作对人的躯体和心理健康至关重要。常可看到一个人从毕生从事的职业退休后很容易消沉。另外，也可看到对工作不满和感到压抑的人更容易患心脏疾病、消化道溃疡及其他疾病。

职业的改变是又一次职业的选择，第二次选择与第一次会有很大的不同，会遇到一些很难逾越的障碍。最常见的障碍是来自于自身的惰性与畏惧和来自他人的期望。

一个人尽管对自己的工作十分不满，他可能还是会继续干下去，因为他懒得变动，害怕变动。他习惯于、熟悉目前这种环境。如果要重找职业，就将面临许多未知的挑战和困境，这使他感到畏惧。他还可能害怕更换了工作后情况不会比现在更好。

一个人常会因为家庭中其他成员的阻拦而放弃改变工作。未婚时是父母的阻拦，婚后则是配偶的阻拦最具约束力。他们会说："放弃这份工作太傻了，有那么多人羡慕你"；或是："你这份工作挣的钱不少，换个工作未必就称心"，等等。家人们的愿望是美好的，因为旁人常常期望一个人继续像过去他们所了解的那样，这种期望就常使一个人继续留在令他感到失望的工作中。

更换工作往往比第一次选择职业需要更多的勇气，因为他不仅要面对职业的选择，还要面对自身的畏惧和旁人的不满。

二、大学生择业观的转变

为引导大学生树立正确的择业观，有必要对大学生择业观转变的原因、方向及这种转变带来的喜与忧等方面进行客观的分析。

（一）择业观转变的原因

任何事物的发展变化，都有其产生的根源，择业观当然不会例外。择业观是指大学生在职业选择上的种种心态，是大学生自我价值取向在择业选择领域内的表现形式。由于大学生的价值取向必然要受到社会政治、经济、文化等多种因素的影响，因此大学生的择业观不能不带有明显的时代特征。择业观的转变，要归结到大学生价值取向和择业领域的转变，而这种转变又来源于一定时期国家政治经济形势、科教改革等多方面的变化。

经济体制的改革，应是择业观改变的一个最主要的原因，它对影响大学生的价值取向起重要作用。在经济领域，从统购、包销的计划管理到有计划的社会主义商品经济，直到今天的社会主义市场经济这一大幅度的跨步中，学生的思想意识与价值取向不会不受到冲击，大学生择业方面考虑的因素，是综合的、多侧面的，他们对地理位置、工作性质、发展前景、经济收入等因素，加以综合比较，方会做出选择，尤其是市场经济条件下，金钱在人们心目中地位的提高，导致择业观向赚钱的方向倾斜。大学生杂志社曾组织毕业生进行座谈，同学们道出了市场经济冲击下大学生五花八门的择业心态。北京大学哲学系研究生刘光顺说，在市场经济体制下，价值观念发生变化的文科生，也想和其他专业的学生一样"下海"去挣大钱。北京师范大学历史系学生王鲁平更是直言不讳，他说："为什么一些师范生不愿到教育第一线去？我觉得现在的一个主要原因就是有些人的社会价值观变了，把挣钱的多少作为衡量一个人能力高低的尺度，而教师的收入平均水平都很低。"种种心态表明，新的经济形势下，大学生择业观的心态变化，受钱的因素的影响，是不可低估的。[①]

导致大学生择业观转变的另一个重要原因就是毕业分配制度的改变，供需见面、双向选择措施的出台，拓宽了毕业生的择业范围。在此之前，国家实行的是"统包统配"的分配制度，大学生是"革命的螺丝钉"，钉到哪处算哪处。学生树立自己的观点，必须建立在一定选择范围的前提下。双向选择分配制度的不断推进，使大学生在校的专业倾向以及分配的职业选择有了较大的自主性，学生会依据自己的爱好特长以及社会需求而发展自己的个性，不必过分为自己的专业不好而忧伤。学生对"专业对口"的重视程度减弱，攻读第二学位的人数增加等种种迹象表明，择业环境的宽松，择业范围的扩大，致使学生的择业观悄然变化。

择业观转变的原因往往是复杂多样的，具体到某一个人又会有其特殊的情况，我们只能从总体上、大环境上的原因做简析，在解决实际问题的时候，应对症下药，根据实际情况做出具体分析。

---

① 王春燕，华霞. 就业与创业指导[M]. 南京：江苏凤凰科学技术出版社，2018.

（二）择业观转变的方向

在择业内容上，很多大学生不再过分强调"专业对口"。诚然，"专业对口"对解决"所学非所用"的人才浪费是十分必要的，但从实际来看，学生这种择业观的转变也很有道理。

第一，从大学生和用人单位的思想认识方面讲，大学生在毕业择业之前认为自己在××系读了四五年，应该选择一个专业对口的工作，这样一来，势必缩小了择业范围，参加工作之后，过分强调"专业对口"，则往往对自己所从事的工作不满意，甚至消极怠工。有的大学生在任职的一两年内，很难独立进行课题研究工作，如果让他先搞些资料工作，他又觉得大材小用，怨天尤人，认为"专业不对口"，用人单位同样如此。过分强调"专业对口"直接影响接受优秀人才，因为所谓"人才"，除专业知识之外，还要看素质。素质的内容很广，它包括学习记忆能力，分析理解、综合判断能力，独立解决问题的能力，等等，此外还包括一些基本的品质，如：实事求是、认真负责的精神、正义感、主动性等。假如单凭"专业"选人才，未免思路太狭窄。

第二，从大学生的实际状况讲，过分强调"专业对口"是不切实际的，因为我国高等教育的内容与实际需要存在偏差，在"所教"与"所需"之间有着较大的结构差距，大学所设的课程基本上是基础课，多以理论教学为主，还没有深入某种专业中，需要在实际工作中体验、探求、思考，灵活地运用所学的知识，才能逐渐做到理论与实际相结合。

第三，"专业对口"的作用也有一定的局限性，在实际工作中，一个人的自学能力、理解能力、知识迁移能力、接受新事物的能力与创新能力等，往往比一两门专业知识还重要，改革开放以及科研技术革新等实际工作都很需要知识渊博、素质好的"通才"，而不要过分强调专业对口的毕业生。

在择业标准上，学生更多地考虑经济因素及发展前景，而将地理位置及工作性质放在稍偏后的地位。目前，"机关冷、公司热"的一个重要原因就是机关的论资排辈、人浮于事的现状未改观，而相对来说，公司办事效率高，能够充分施展个人才能，待遇高，等。许多文科专业，如中文、考古、图书馆学等的同学丢弃专业而千方百计要求到经济条件好的部门，其中一个重要原因就是经济因素的诱惑。当然，至于发展前景与经济因素谁占上风，至今难有定论。工作好坏的标准应首先看工作发展及所创造的效益，既要看短期效益，又要看长远效益。经济因素是大学生择业标准，但绝不是唯一的标准，而许多师范毕业生设法弃教从商，根本的因素就是教师目前收入低、福利差。

从总体看，越缺少人才的单位，则越见不到高校毕业生。令人担忧的是这必然会导致一种恶性循环，带来一系列社会问题。

（三）择业观转变的喜与忧

新的择业观产生的实际效果如何？从宏观上分析，一方面令人高兴，另一方面也不能简单地乐观，喜忧参半。

1. 喜的方面

第一，新的择业观明显表明，多数同学倾向于务实不务虚，学生的就业愿望出现多极化，而从"大字热"（大机关、大城市、大企业）、"从政热"、"出国热"向"从商热""三资热""公司热"转化。一位毕业生曾直言不讳地说："大城市放不下一张床，大机关人才济济，什么好事都很难轮到自己头上，有什么可留恋的呢？我们不需要徒有虚名，我们为何不趁年轻，到自由性大的地方闯荡一下，那些地方赚钱多，生活条件也较优越，我们何乐而不为？"这可以说代表相当一部分同学的心态，我们应当为这种由虚到实的转化而高兴，因为这些年来，大学生被奉为"天之骄子"，被社会捧得不知所措，大学毕业便自觉高人一等，不愿从事具体工作，由这种转变可以看出，在市场经济的冲击下，学生的选择更加接近于实际，他们不再浮浅而盲目地追求，面对现实，他们在思考自己的生活。

第二，新的择业观对人才的成长是十分有利的，新的择业环境，使学生的自主择业意识成为现实，学生可以根据自己的爱好和特长选择适合于自己的工作，这对人才的成长很有利，从事适合自己特点的工作，更有利于施展自己的才华，才能更加努力，不断开拓创新，自然更容易出成绩，而从一定程度上避免了由情绪问题影响工作而造成的人才浪费。大学生择业的专业不对口是绝对的,而专业对口才是相对的,允许学生依据其特长和爱好选择与其专业不对口的职业,对其成长未必没有好处。

2. 忧的方面

第一,新的择业观干扰了高校正常教学秩序,学生对专业的认识上的淡化及择业手段的变化,使学生不安心于专业学习,甚至产生"厌学风"。某高校有一政教系学生,不喜爱自己的专业,自一入学就自修农业经济,其专业课总是勉强及格,而毕业后却考取了北京某高校农经研究生,到底该如何评价,很难有正确答案,或许这是个很有出息的学生。另一方面,择业途径多元化,使许多学习好的学生因途径单一而找不到好工作,许多学习成绩一般的学生却因手段高明而寻求到好单位,从一定程度上助长了那种"学不如不学"的厌学风。

第二,择业追求的"短期效应"行为加剧了人才的不合理流向,由于一部分毕业生把生活理想放到高于一切的地位,追求待遇高,福利好,势必加剧人才流向的不合理性。有人才、条件好、有发展前途的单位容易引进大学生,而条件差又急需引进人才的"老少边穷"地区却引进人才不多,这确实令人担忧。

第四章　大学生创业就业的形势与政策保障

为了充分鼓励大学生创业、就业，国家给予了大量的政策与经济支持，确保大学生可以顺利实现就业与创业。本章重点研究大学生创业就业的形势与政策保障。

第一节 大学生创业形势与政策保障

一、大学生创业形势

（一）大学校园创业潮

1. 国外大学生如何创业

20世纪70年代以来，伴随着科技的发展，国际上出现了注重创新教育发展和改革的浪潮。

1983年在北京召开的"面向21世纪的教育"国际交流研讨会上提出，21世纪人才构成的标准首要的是进取和创新精神。美国提出了突出创新、注重个性化培养的目标，日本提出了"综合化人才"培养的目标，德国的培养目标是"要使每个受教育者最大限度地发挥基本的潜在能力，并能创造出自己的未来"。世界范围内高等教育的改革，推动了教学管理体制和人才培养模式的改革与深化，为大学生科技创新、科技创业创造了良好的氛围。

在这种改革大潮的推动下，高校大学生的科技创新、科技创业活动如火如荼。特别是国外高校实行的纯粹意义上的学分制，即修满学分即可毕业而不受修业年限的限制，为大学生在校学习期间进行创业实践提供了必要的条件。而20世纪80年代以来，风行美国大学校园的大学生"创业计划大赛"更是为大学生的科技创新和科技创业活动创造了良好的氛围。

创业计划竞赛在美国得克萨斯州大学奥斯汀分校举办首届竞赛以来，

美国已有35所高校举办过该项赛事，如麻省理工学院（MIT）、斯坦福大学（Stanford University）、哈佛大学（Harvard University）等。其中麻省理工学院5万美金创业计划竞赛最为成功，从1990年至今已举办了10届，而且每年都有5~7家学生公司从大赛中诞生，并且有相当数量的"计划"被高新技术企业以上百万美元的价格买走。据MIT的一家咨询公司统计，在这个高技术公司云集的地方，表现最优秀的50家公司中有48%就出自MIT的创业竞赛。并有相当数量的公司获得了风险投资，这些由"创业计划"直接孵化出的企业中，有的在短短几年内就成长为年营业额数十亿美元的大公司。一批批的创业者在竞赛中得到锻炼和成长。风险投资家们蜂拥而入大学校园，寻找未来的技术、经济领袖。从某种意义上说，发源于美国高校的"创业计划大赛"已经成为知识经济时代美国经济的直接驱动力量之一。[1]

在这种创新、创业氛围影响下，国外高校的许多大学生都在积极致力于科技创新和创业。美国巴布森学院的一项调查显示，年龄在20~34岁的美国人中有近10%积极致力于创办自己的公司，至少是其他年龄段人数的3倍。他们中有在校大学生，也有大学毕业生。最著名的世界富豪比尔·盖茨就是在大学二年级时毅然退学，抓住机遇，全身心投入他所钟爱的计算机开发研究中，终于成功创办了闻名于世的计算机软件"霸王"。

许许多多的美国大学生并非安于大学毕业找一份安稳的工作，而是充分发挥其潜在的能力，运用所学习的知识大胆创业，敢吃"螃蟹"，其中不泛有人成就大业。

在美国，这种大学生创业者与风险投资家结合的成功范例不胜枚举，多少世界顶尖级的企业就是由几个二十出头的大学生在车库里、拖车里或简陋的工作室里创建的，而其具巨大价值的创意和计划则是创业者学识和智慧的体现，风险投资家也正是看到了这一点。

《北京教育报》2000年5月5日以《四名英国学生一夜暴富》为题向我们介绍了一个在校大学生创业的故事：

四名英国学生以1000万英镑价格出售了他们拥有的只有5个月历史的

---

[1] 李敏义，邵丙军，袁冰岩.学业 择业 创业[M].哈尔滨：东北林业大学出版社，2001.

互联网学生资讯网站。总部在伦敦的美国传媒产品集团公司现在控制着这个"学生网"75%的股份，拥有这个网址为www.student-net.com.wk的学生网站。该公司准备扩大这个网站，以覆盖英国所有的大学校园，最终会推向国外。

来自英国中部伯明翰的21岁大学生阿塔尔，在筹钱另觅新居时产生了创建这个网站的念头。该网站旨在向学生们提供大量实用有趣的资讯。他在诺丁汉特伦特大学的学生酒吧中向三名最要好的学友提出他的想法，并决定付诸实施。在他们的"学生网"开通数月之后，吸引到网站上的访客竟达平均每周2万人次。网站提供学生所需的一切资讯，从怎样外出购物到如何买到一把牙刷。它还与慈善机构密切合作，为学生提供紧急医疗咨询。

上述大学生创业的成功案例只是国外高校中大学生创业活动的个案，他们的成功告示我们，大学生创业既要有良好的创业氛围，更需要大学生具备坚实的学识基础，敢于冒险的开拓精神以及把创意变为现实的能力。同时我们也应敏锐地注意到，国外高校中大学生创业计划竞赛的成功举办，点燃了大学生心中的创业之火，对大学生的创业活动起到了"催生助长"的作用，为大学生成功地走向社会架起了一座"金桥"。

2. 中国大学生创业潮

面对科学技术在全球范围内的迅猛发展，面对着席卷全球的创业浪潮，改革开放的中国面临着巨大的挑战。"科教兴国"战略的提出，为高等教育的深化改革和大学生的创业活动注入了生机与活力，使大学的校园正在发生着令人欣喜而深刻的变化，"增强创新意识，培养创新精神，提高创新能力，立志科技创业"，不仅是一个催人奋进的口号，而且逐渐成为莘莘学子的自觉行动。一个前所未有的大学生创业潮正在悄然兴起，并日益显示出巨大的潜力和广阔的前景。

在创新、创业氛围的影响下，大学校园中学生学习的积极性、主动性、创造性得以弘扬，学生在努力学习科学文化知识的同时，积极投身于以课外科技活动为主要内容的第二课堂活动中，一大批学生科技社团如雨后春笋般破土而出，校园中大学生创造发明协会、计算机协会、网络协会、工程力学学会、应用数学协会、模具CAD协会、金融协会、工商管理者协会等大学生科技社团活跃在校园内外，连接大学生的课内课外，各种大学生科技竞赛活动蓬勃开展，对大学生的创新、创业活动发挥了积极的推进作用。在大学生们的积极参与和推动下，中国科协、共青团中央和全国学联陆续推出了"挑战杯"全国大学生课外学术科技竞赛、全国大学生电脑大赛、全国大学生数学建模比赛、中国大中学生展望新世纪主题设计竞赛、中国大学生实用科技发明竞赛等一系列重要赛事。

同时，各种地方性、校园内的科技竞赛更是不胜枚举。正是这些丰富多彩的科技社团活动和不同专业、不同形式的科技竞赛活动，极大地调动了大学生们参与科技创新的积极性，涌现出一大批富有创新意识和高科技含量并具有极大市场潜力的学生科技成果。

在我国高校大学生科技活动、科技竞赛如火如荼开展的同时，我国"大学生创业计划大赛"活动应运而生了。这种创业计划大赛不同于一般的专业比赛，它要求参赛的大学生结合自己的专业特长，围绕一项具有市场前景的产品或服务，经过深入的研究和广泛的市场调查，完成一份把产品或服务推向市场的完整而又具体的商业计划，同时创造条件吸引风险投资家和企业注入资金，推动商业计划真正走入市场，也就是说，它不仅要求学生拿出创新成果，而且要直接面向市场，面向社会，把研究成果转化为产品，使大学生由知识的拥有者变为直接为社会创造价值、做出贡献的创业者。

中国大学生的创业计划竞赛发源于素有"工程师摇篮"的清华大学。1998年5月，清华大学的一个学生社团——清华科技创业者协会受到美国大学商业计划大赛的启示，创办了中国大学生的第一个创业计划大赛。这次大赛历时5个多月，320名参赛学生组成的98个竞赛小组递交了144份预赛作品。由于比赛本身的性质和首创性，本次创业大赛受到了众多媒体、专家、企业家和风险投资家的密切关注。中央电视台、北京电视台、中国教育电视台做了实况报道，联想、方正、同方、惠普、摩托罗拉、爱立信、麦肯锡公司、毕马威会计师行、上海世华投资公司等国内外大公司总裁纷纷来到清华园。

这是中国大学生创业激情的迸发，这是中国大学生创业之路的起点。在清华学生点燃青年学子当中的创业之火之后，"创业"在许多大学校园中都成为令人热血沸腾的流行词，各地的高等学府纷纷酝酿自己的创业计划竞赛。1999年3月，由共青团中央、中国科协、全国学联主办，清华大学承办

第四章 大学生创业就业的形势与政策保障

的"挑战杯"中国大学生创业计划竞赛隆重推出，进一步掀起了大学校园里的创业浪潮。

2000年5月，第二届"挑战杯"万维投资中国大学生创业计划竞赛在上海交通大学开赛，本次竞赛人数和作品大大超过了首届，引起了社会各界的广泛关注，东南大学"基于卫星移动通信的信号实时跟踪服务器"等15个创业团队的作品获金奖，南开大学"B&P生物制品公司"等35支团队的作品获银奖。

清华大学首开先河，共青团中央、中国科协、全国学联主办的全国性大学生创业计划大赛，进一步燃起了大学生的创业激情，为各高校的大学生创业活动起到了推波助澜的作用，中国大学生创业潮显现出无限的生机与活力。各地高校纷纷推出了自己的"创业计划大赛"。

大学校园的创业潮虽然在我国高校兴起时间不长，但令人鼓舞的是，它刚一问世便显露出勃勃生机和强劲势头。到现在，已经取得了引人注目的成绩。

华中理工大学首届创业计划大赛中，一个名为"求实"的创业团队脱颖而出，其创业计划作品——中国专利博览会上获得金奖的防撬锁，获得了武汉世博大学生风险投资基金10万元，并在一个月后成立了武汉首家学生创业公司，同时也是全国首家接受风险投资而开办的学生公司。华中理工大学新闻专业三年级学生、防撬锁专利持有人李玲玲因此而成为学生老板。李玲玲的成功创业带给我们许多值得深思而令人激动的话题。

在大学生创业潮中，不仅大学生在校创业，休学创业，更值得特别一提的是那些应届大学毕业生。在当前越来越严峻的就业形势下，一些毕业生选择了出国留学之路，更多的毕业生为了获得一份热门工作而激烈竞争和角逐，还有不少毕业生因找不到合适的就业机会而焦虑，困惑，消沉。而这些立志自主创业的毕业生则全然不同，他们凭着自己的才智和胆识，满怀自信地选择了一条充满艰辛、充满风险、更充满光明的创业之路，向传统的就业观念发出了挑战。

（二）改革为大学生创业保驾护航

1. 教育改革为大学生创业导航

《中共中央国务院关于深化教育改革，全面推进素质教育的决定》（以下简称《决定》）中指出：高等教育要重视培养大学生的创新能力、实践能力和创业精神，普遍提高大学生的人文素养和科学素质。这是对大学生培养目标上的重要定位，高等教育是培养创新精神和创新人才的重要基地，为了激发学生独立思索和创新的意识，养成终身学习、分析解决问题和团结协作的能力，各高校不仅要在课程教学改革方面有新的突破，而且要积极组织大学生参加科学研究、技术开发和推广活动以及社会服务活动，采取必要的政策和措施，鼓励大学毕业生和毕业研究生利用科技成果和管理知识的优势，进入经济和社会主战场自主创业，努力造就一大批具有科学家头脑的企业家和具备企业家意识的科学家。

《决定》进一步指出：高等学校和中等职业学校要创造条件实行弹性学习制度，放宽招生和入学的年龄限制，允许分阶段完成学业，这就为大学生在校期间的边读书边创业或休学创业、适当时机再继续完成学业创造了良好的环境。随着我国高校学分制的逐步建立，大学生完全有可能自主选择修业年限，而利用一定的时间从事科研开发和创业活动。因此说，大学生的创业活动受到了党和国家的高度重视，也给予了政策上的支持，为大学生科技创新、科技创业指明了航向。

随着国家教育改革的不断深化，高校大学生的创业之举得到了各地方党委和政府的高度重视。经济、科学、教育改革的一系列重大举措，为当代大学生就业、创业提供了良好的环境，为具有创新意识、立志科技创业、艰苦创业的大学生施展才华创造了良好的条件，特别是大学生创业资金，是制约大学生创业发展的关键因素。1998年3月，由民建中央提交的《关于尽快发展我国风险投资事业的提案》被列为全国政协"一号提案"，1998年10月27日，科技部与美国国际数据集团（IDC）签署协议，IDC将在7年之内在中国和科技部一起建立一个总额为10亿美元的风险投资公司，至此，为创业者注入生机与活力的风险投资在中国正式启动，随着知识经济的发展与普及，风险投资也在日益升温，为创业者的创业提供了资金保障。四通利方、搜狐等

第四章　大学生创业就业的形势与政策保障

公司即是中国企业成功利用风险投资的经典之作。随着风险投资政策、环境等在我国的不断发展完善，大学生创业的土壤也正日益丰厚起来。[①]

2. 高校改革为大学生创业搭台

随着高等教育改革的不断深化，各高校都在人才培养目标、培养模式，教学管理体制，课程结构的优化调整以及拓宽学生专业面，注重创新精神和实践能力的培养上进行了有益的探索和改革，使大学生全面发展有了广阔的空间，为大学生科技创新，立志创业创造了良好的条件。

面对清华学子高涨的创业热情和令人刮目相看的创业成果，清华大学做出决定并制订细则，允许一些创业前景好、自身条件优秀的学生中断学业去创业，学校为其保留学籍，等适当时候再让其重返清华完成学业。"大学生休学创业"，在中国的高校中还是一项前所未有的举措，一时间在大学校园中一石激起千层浪，浪潮中涌现出一个又一个创业者。

南京大学物理系三年级学生李澄澄和桑烁两名本科生同样获得学校批准，休学一年并远赴北京创办北京动感空间信息技术有限公司。

中国科学院制冷与低温工程专业的江西萍乡籍硕士研究生彭海，在回乡休假期间，代表家里出席村里的一次村民选举，并在会上讲了几句鼓舞村民应当珍惜选举权利的话。结果，彭海被村民们推选出参加村委会主任竞选，并成功当选。彭海被选为村委会主任后，即向中国科学院提出休学三年的报告，并获批准。

大学生休学创业尽管在我国高校中还为数不多，但毕竟为大学生多种形式就业开辟了一条充满希望与前途的创业之路。为使优秀大学生的创新意识和创业之举能够更充分地得以施展，各高校不仅允许优秀大学生休学创业，而且从多方面努力，为在校大学生的创业活动和应届毕业大学生走上创业之路创造条件，这无疑是对大学生创业激情的巨大鼓舞，也使更多的大学生感受到了21世纪科学技术、经济发展所赋予当代大学生的历史使命。清华大学素有"工程师的摇篮"的美誉，清华的学术活动、科技活动一直是清华学子

[①] 李敏义，邵丙军，袁冰岩.学业　择业　创业[M].哈尔滨：东北林业大学出版社，2001.

十分关注与投入的活动。"挑战杯"科技竞赛已连续举办18届，全国大学生"挑战杯"课外科技竞赛和"中国大学生创业计划大赛"等全国性大学生科技、创业竞赛活动均发源于清华大学，清华学子在此类大赛中的突出表现令世人瞩目。被誉为"清华爱迪生"的清华大学材料系96级本科生邱虹云就是在清华大学科技、创业大潮中涌现出的杰出代表，成为我国第一个创业开公司的在校本科生而备受瞩目。

大学生在学业完成的基础上，在校创业、休学创业、毕业创业，虽然形式不同，但它却实实在在地引发了一场中国教育的深刻革命，对传统的教育体制和人才培养观点提出了严峻的挑战，学生创业并不是20世纪80年代"经商风"的翻版，而是学业知识、科学技术的展示与创新。因而也备受高等学校的重视，因为它为培养创新型人才、迎接科技革命挑战开辟了一条适应时代发展的、在我国又是前所未有的、充满希望与挑战的光明之路。为此，清华大学首开先河，其他高校也纷纷出台相应措施，为大学生创业鸣锣开道，也使大学生创业在艰难中奋勇前进。

北京大学鼓励学生在校创业，学校以学生创业公司冠名权为无形资产参股学生企业，为支持学生创业探索了一种新的方式。同时，学校还设立了创新奖，建立校、院（系）两级专门的组织系统，实施了"申请—资助—指导—完成—评审—奖励—深化"一条龙的学生创新服务体系。并且每年学校拨款5万元作为学生业余科研资助经费。

东南大学科技园由创业中心和工业园两部分组成，将采用企业化运作模式，并制定了相关政策，鼓励大学教师和优秀高年级本科生、研究生入园创业，所获知识产权40%归个人，40%归学校，20%归其所在单位（院或系），并鼓励个人以技术、资金入股，科技园根据项目的市场前景，注入风险投资基金，组建成股份公司。除了场地、资金及工商管理、知识产权保护、推荐上市等配套服务外，园内企业还将享受与高新技术开发区等同的税收优惠政策。

伴随着清华、北大等学校为大学生创业出台相应政策、措施予以支持，全国许多大学都开展了鼓励学生创业、扶持学生创业、帮助学生创业的一系列活动，在各高校的大力支持下，高校大学生的创业浪潮滚滚，生机勃勃。高校广泛开展了创业培训活动，开设了"创业论坛"，给学生做关于知识创新、风险投资、科技创业等方面的培训；邀请国内外知名学者、专家和著名企业的成功人士为学生介绍他们的创业经历和成长历程。各高校在开展活动的同时，特别注重创新精神和实践能力的培养，使学生德、智、体诸多方面全面发展，使大学生创业活动依托于正确的思想指导，相应的政策保障，扎实的学生基础，良好的创业环境，为经济、科技的高速发展奠定了人才培养的基础。

3. 经济改革为大学生创业培植沃土

改革开放初期的一段时间，中国的经济发展速度一直在9%左右，令世界瞩目。2000年召开的十五届五中全会通过的国民经济发展"十五"规划建议，为我们描绘了一个光明灿烂的前景，也给大学生就业、创业提供了一个更广阔的空间和天地。十五届五中全会指出：今后5~10年，是我国经济和社会发展的重要时期，是完善社会主义市场经济体制和扩大对外开放的重要时期，确定了以这个结构调整为主线、以提高人民生活水平为根本出发点的指导思想。对此，我们既要从宏观上认识到经济和社会发展的美好前景，更要看到与高等教育的发展之间的密切关系，特别是对人才的多种需求。对此，我们特别要关注以下几个特点：

坚持信息化带动工业化，发挥科技优势，实现生产力跨越式发展。根据IBM提供的材料，中国为了发展信息产业，近期至少需要50万人才，信息产业将是21世纪世界经济发展中的支柱产业，信息人才并非必须完全是正规的研究生毕业，有些非信息技术（IT）专业毕业生，经过培训，也可以成为很好的IT人才。实践证明，大学生就业工作特别是大学生创业活动中，以信息产业为发展目标并取得成功的屡屡出现。

经济的所有制结构将发生重要的变化。今后5~10年，我国国有经济的控制力会得到进一步加强，但是由于非公有制经济的发展和外资的大量引入，其比重可能会进一步下降，而混合经济的比重进一步上升。所有制结构的变化，带来了大学生择业观念的变化，相当一部分大学毕业生选择了非公有制或外资企业，一些创业者也从先就业后创业的模式中探索出了一条新路。

西部大开发战略的进一步实施和一大批新项目的上马，都需要大量的各种类型、各种层次的人才。特别是具有开拓精神的创业者。西部大开发是我国应对21世纪世界经济全球化而做出的战略选择，在未来若干年内在我国经济发展中具有举足轻重的战略地位。因此，大学生必须意识到其具有的无限商机和巨大潜力，投身西部去创业无疑是当代中国有志青年的理想选择。

我国加入世界贸易组织以后，将面临国际性人才竞争的局面。我国对外开放将进入一个崭新的历史阶段，国际间的合作和竞争都会加强，经济的全球化进程将进一步加剧，全球性的人才竞争特别是高级专门人才的竞争，将会愈演愈烈。这种竞争不仅仅是数量上的竞争，更是人才质量上的竞争。因此，中华民族的伟大复兴实实在在地落到了当代青年的肩上。

经济和社会发展的前景以及在我国社会发展中所带来的变化，迫切需要有知识、有能力、有魄力的青年一代。大学生将是肩负这一历史重任的生力军。经济的发展犹如一片沃土，为大学生施展自己的才华提供了一个难得的机遇。

二、大学生创业政策保障

近年来，随着我国创新型国家建设的推进，以及高校毕业生就业压力的不断加大，国家对于大学生创业问题越来越重视。为支持大学生创业，中央和地方各级政府出台了许多优惠政策，涉及融资、注册、税收、创业培训、创业指导等诸多方面。

（1）在注册资金方面的优惠。大学生毕业后两年内自主创业，到创业实体所在地的工商部门办理营业执照，注册资金在50万以下的，允许分期到位，首期到位资金不低于注册资金的10%（出资额不低于3万元），一年内实缴注册资本追加到50%以上，余款可在3年内分期到位。

（2）税收优惠。毕业生新办从事咨询业、信息业、技术服务业的企业或经营单位，经税务部门批准，免征企业所得税两年；新办从事交通运输、邮电通信的企业或经营单位，经税务部门批准，第一年免征企业所得税，第二年减半征收企业所得税；新办从事公用事业、商业、物资业、对外贸易业、旅游业、仓储业、居民服务业、饮食业、教育文化事业、卫生事业的企业或经营单位，经税务部门批准，免征企业所得税一年。

（3）政府创业贷款扶持。2006年，中共中央组织部、中共中央宣传部、教育部等14个部门联合下发的《关于切实做好2006年普通高等学校毕业生就业工作的通知》中规定，进一步落实针对大学生的小额担保贷款，简化程序，提供开户和结算便利，贷款额度在3万~8万元，贷款期限两年，免利息。

第二节　大学生就业形势与政策保障

一、大学生就业形势

（一）大学生就业自身存在的问题

1. 就业理念滞后

我国就业市场反映出，人才需求最大的是中小企业。中小企业具有发展空间大、平台广阔、体制机制不断创新等优势。大学生到中小企业工作，更能体现自己的价值，更能发挥自己的作用，更能激发自己的潜能，有利于自己的职业发展，易于产生成就感。然而一些大学生更热衷于外资企业。"创业不如就业。"多数大学生认为，创业艰难，创业不如就业。只有少数大学生认为就业找饭碗不如创业谋发展，积极准备创业。"就业难不如再考研。"一些大学生找工作总落实不了工作单位，或者对找到的工作单位不满意，就选择了继续读书，考取研究生继续深造。[①]

---

① 朱选朝.大学生就业创业[M].上海：上海交通大学出版社，2018.

2. 没有做好职业规划

很多大学生到了大四才开始着手就业的各项准备工作,结果各项准备工作都做得不细致、不扎实。去企业应聘时,有些大学生更是一问三不知,对应聘企业的业务没有一点了解。这种情况导致企业对大学生失去信心,认为大学生只会读书,没有一点实际能力,不愿意聘用大学生。究其原因,是因为大学生没有拟定职业规划,没有尽早为就业做好准备。所以大学生必须做好职业规划,同时要认真实施职业规划。

(二)大学生就业面临的重大机遇

1. 非公有制单位对高校毕业生的需求急速增加

随着社会的快速发展,社会对人才的需求也越来越大。非公有制企业、乡镇企业也为毕业生就业提供了更多的机遇,广大基层和经济欠发达地区更为毕业生提供了施展才华的舞台。非公有制经济作为市场经济的重要组成部分,正在飞速发展,在国民经济领域中占据的地位也越来越重要,对人才的需要也已超过国有单位。

2. 西部大开发需要大批人才

西部大开发是我国跨世纪发展战略,这一战略的实施需要大批德才兼备的人才。西部的生态重建、资源开发、城市化建设、经济社会的快速发展等都为大学生就业提供了宽阔的舞台。随着西部大开发的实施,西部省份各级政府也相继出台了一系列的人才优惠政策,从而吸引更多大学毕业生到西部工作。

3. 高新技术企业对高新技术人才的需求量日益增大

随着科技的不断发展,高新技术企业的数量也在快速增长,对与它们相关专业毕业生的需求也越来越大。与这些企业相关的专业,如计算机及应用、计算机软件、通信工程等,人才的需求量在就业市场上每年都位居前列。目前,各地、各行业都在积极吸引高新技术人才,争相为其提供优惠条件,创造良好的工作、生活和学习环境。这种日益浓厚的尊重知识、尊重人才的社会风气，会为大学毕业生创造更多的就业机会。

4. 基层单位和边远艰苦地区急需人才

基层单位是指各行各业最基本的第一线的单位，如街道办事处、村级组织、生产车间等。边远艰苦地区是指经济欠发达的地区，如西部地区。基层单位和边远艰苦地区人才需求量很大，可以说各行各业都需要大批人才，而实际的情况是很多单位根本就招不上人。当代大学生应有担当，勇于到基层单位和边远艰苦地区去建功立业。

二、大学生就业政策保障

我国政府和社会各界都非常重视大学毕业生的就业工作。从中央到地方，各级政府都制定了关于推进毕业生就业的政策，动员并支持社会各界、各行业、各单位以最大的可能性接收大学毕业生就业，并且形成了引导和鼓励高校毕业生到基层、艰苦地区、中小企业、非公有制企业等单位就业的一系列政策和较为完善的就业制度。

（一）国家层面

面对着严峻的就业形势，国家制定出了一系列政策，促进大学毕业生顺利就业。

（1）鼓励和支持高校毕业生到基层工作。支持高校毕业生参与支教、支农、支医、扶农，到基层挂职锻炼。对于愿意到基层工作的毕业生，国家将根据工作需要从中选拔优秀人员到县、乡机关和学校及其他事业单位担任重要工作，或充实到基层金融、工商、税务、公安等部门工作，并明确规定以上单位的人员和专业技术岗位人员原则上都要具备大学以上学历并要有相关的专业证书。

（2）国家在一些特定行业和部门专门招收大学毕业生就业。具体有公务员招考录用、事业单位招收录用、大学生应征入伍、农村特岗教师、西部志愿者计划等。

（3）建立毕业生失业登记制度。国家要求各级政府为每年9月1日后未能就业的毕业生办理失业登记。劳动和社会保障部门所属的公共职业介绍机构和街道劳动保障机构应免费为其服务。对已登记失业的高校毕业生，有条件的城市、社区可组织其参加临时的社会工作和社会公益活动。对于因患病等原因短期内无法工作且无固定经济来源的高校毕业生，可由民政部门参照当地城市低保标准予以临时救济。

（二）学校层面

从学校层面看，促进大学毕业生就业的措施主要包括如下几方面。

（1）学校设有专门机构负责毕业生就业创业工作。学校有专门校级领导负责大学生就业创业工作，有专门的就业处或就业创业指导中心负责大学生就业创业全方位的工作。其主要职责是落实上级关于大学生就业创业的政策规定，设计并开设就业创业课程，搭建职业需求信息平台，组织各类招聘洽谈会，全程帮助和指导大学生就业或创业，办理派遣、户口迁移等手续。

（2）加强对大学生就业创业教育培训和指导。各学校按照上级要求并结合社会需求，大都成立了就业创业教育教研室，专门开设了就业创业课程，帮助大学生认清就业创业形势，拟定职业生涯规划，为顺利就业、创业做好各方面的准备。

（3）建立就业创业需求信息平台，鼓励毕业生应聘。各高校利用各种媒体广泛收集和发布需求信息，为大学生提供真实可靠的用人单位供毕业生择业，尽最大努力实现毕业生的充分就业。

（4）与用人单位建立广泛联系和合作，推荐毕业生就业。各高校与社会各界及企事业单位都建立了广泛的联系和合作，特别是与用人单位的关系更为密切，其联系合作的方式多种多样。在毕业生就业上的合作有联合培养、定向培养、订单培养、免费培养、来校招聘等，极大地扩展了毕业生的就业渠道。

（5）定期召开不同类型的招聘会，促进毕业生就业。在毕业生择业期间，学校会组织多种类型的招聘会，有学校单独组织的，有几所学校联合组织的，还有学校和人事部门共同组织的。毕业生在招聘会期间，可以与用人单位充分交流洽谈，签订招聘协议。

（6）协助毕业生解决在就业创业过程中遇到的各种问题。学校就业创业指导部门有专门的工作人员负责接待和处理毕业生在就业创业过程中遇到的问题，如办理派遣手续、档案转移手续、户口迁移手续，补发相关证书，解决在办理各种手续过程中出现的问题，协助毕业生解决就业创业过程中发生的纠纷，维护毕业生的权益。

第三节 大学生创业就业的谋划

一、大学生创业的谋划

面对大学生创业的热潮，大学生中有的激情满怀，有的羡慕有余却信心不足，在多数大学生的头脑中，依然是要寻觅一个安稳舒适、待遇不错的"安乐窝"。然而，暴风雨就要来了，知识经济时代已初露端倪，职业选择方式多元化的格局正在形成，高学历的优势必将为高素质的优势所取代，终身教育、终身学习已成为时代发展的要求。职业选择的"从一而终"将被多重选择、自主创业的多元化趋势所打破。在未来的竞争中大学生靠什么去打拼？学业、择业、创业的关系如何协调处理？面对知识经济提出的挑战，大学生们，准备好了吗？

（一）正确处理学业、择业、创业的关系

1. 学业是择业和创业的基础

学业，通常意义上的理解就是在学校学习的过程，是现成知识的接受与仿造，从小学、中学到大学，学业生涯即告结束。现代教育观念提出了终身教育、终身学习的观点，不仅在校期间是学习，走出校门投身社会更要学习；不仅学会知识是学习，而且要求在学业完成的过程中，以人为本，张扬个性，综合素质全面提高。对"人才"的诠释有了新的含义，不仅仅要有知识，而且必须要懂知识，面对知识经济的挑战，传统意义上的人才已难以胜任，未来社会发展中对人才的需求要求必须能够适应新技术革命的挑战、能够参与全球或地区的竞争与合作、能够主动适应、积极推进甚至引导一系列社会变革的新人。[1]

那么，处在知识经济迅猛发展新时代的大学生怎样才能适应未来社会发展的需要呢？这是大学生们，特别是大一新生所普遍关注的。我们感到当今时代学业并不是单独存在的，而是和未来的职业息息相关的，而且学业生涯包含了一个人世界观、人生观、价值观的全部内涵，是一个综合发展的过程，是一个人生旅途的起点和基础。

大学生要养成勤奋学习的良好习惯。闻名全国的清华大学"视美乐"学生创业公司的创始人邱虹云就是一位勤于学习、敢于创新的学生，他结合自己的专业学习，一年搞出一项发明产品，从一年级开始就连续夺得清华大学"挑战杯"科技竞赛的一等奖。三年级就以其发明的"多媒体超大屏幕电视投影仪"为创业项目参加了中国大学生创业计划竞赛并获金奖，同时创办了"视美乐"公司。

2. 择业是学业的继续、创业的开始

择业，既是职业岗位的选择，又是学业成就的展示与体现。对待择业不仅仅是大四即将毕业时的事，而应在学业的过程中即不断地设计和巩固、树

---

[1] 王春燕，华霞. 就业与创业指导[M]. 南京：江苏凤凰科学技术出版社，2018.

立职业理想与职业目标。

（1）择业要体现自己的个性特征

俗话说，三百六十行，行行出状元。但对每个大学生来说，并非不论干什么都可以成为状元的。这里很重要的一条，要看你选择的职业是否符合你的个性特征，是否能充分发挥你的长处和潜能。比如，你对要选择的职业是否感兴趣。有关研究资料表明，如果一个人对某项工作有兴趣，他全部才能的80%~90%可以得到发挥；相反，则只能发挥20%~30%的才能。所以杨振宁博士总结道"成功的秘诀是兴趣"。不同的性格或气质类型的人，对不同职业的知识性也有很大的差别，对不同职业的适应性也有很大的差别。只有从自身的个性特征出发，选择合适的职业，才能有利于你发挥特长和发掘潜能。

（2）根据社会需求设计自己的职业生涯

在市场经济条件下，人才的配置是由社会的需求决定的。虽然每个大学生都有在一定范围内选择职业的自由，但归根到底需要我们去适应社会，而不能让社会来适应自己。认清这个基本道理，就应该主动地把握社会对人才需求的动向，根据需要和可能去设计自己未来的职业，由于每个人的情况不同，择业的方向和取向也因人而异。比如，面向全国就业的重点大学，学生择业的范围要更广，社会需求相对要更好，职业选择自由度较大；地方院校学生大多面向当地就业，需要重点把握当地经济发展和人才需求的趋势；师范院校原则上在教育口就业，师范生就应重点把握教育界人才需求的动向。如果你所学的专业社会需求不旺，则应尽早筹划，明确自己的努力方向，是准备考研，还是学第二学位，或是辅修其他专业以丰富和发展自己。总之，应根据社会需求，在学业生涯中通过不同途径来增强自己的竞争力，否则，待到高年级再"临时抱佛脚"就悔之晚矣。

3. 创业是学业的深化、择业的发展

创业对大学生来说可谓大事一桩，创业中学习，学习中创业。学业是创业的基础，创业是学业的综合化。这种学习—创业—再学习的过程正是当代青年成长过程的一个鲜明特点，在创业中的学习无疑是大学学业的深化，在终身学习、终身教育的信息化时代中，这将是一个显著的特征。

大学生毕业从计划分配到一定范围内双向选择，从双向选择、供需见面到自主择业、自主创业。我们看到了随着社会的进步、改革的深入，大学生就业模式从一元走向多元，大学生科技创业、自主创业是新形势下大学生择业观念的新突破，择业方式的新发展。"先就业、后择业、再创业"反映了现代人才观念的新视角。

大学生创业，不仅仅是独立创办公司，独立创办一个企业。为社会创造财富是创业，在基层、在农村的工作岗位上走一条成功之路，为他人造福、为社会谋利同样也是一种创业，吴奇修、彭海等几位大学生农村创业的成功实践证明了这一点。

大学生创业不是空乏之举，无数创业者的成功实践告诉我们，创业的基础在学识的积累、品德的养成、能力的锻炼、素质的提高。学业、择业、创业之间存在着密不可分的关系，特别是在倡导终身教育的当今世界，学习无止境，创业无尽头。

（二）创业路漫漫，星火待燎原

大学生创业是大学生就业方式的一种变革，随着知识经济时代的到来，对人才需求的综合标准也提出了新的要求。大学生科技创业、艰苦创业、自主创业不仅反映了大学生择业观念所发生的转变，也反映出当代大学生知识、能力、素质所发生的可喜变化。从某种意义上讲，大学生创业的意义不在于办起了几个公司，而是体现在创业者身上的创新意识、创造才能和创业精神。但是，从大学生的知识、能力、素质、阅历、经验等各方面看，大学生创业路不会一帆风顺。社会为大学生创业所提供的环境也待改善和提高，教育管理的体制、观点更需做相应的改革和调整。因此，对大学生创业也不能盲目乐观，正所谓创业路漫漫，星火待燎原。

1. 中外专家纵论大学生创业

大学生创业的兴起，得益于经济发展与科技进步，得益于教育改革的不断深化。针对大学生的创业激情，教育部以及一些高校已经出台了一些相关政策，为大学生创业提供条件，对此，专家们既有赞同也有警示。"有创新

第四章　大学生创业就业的形势与政策保障

能力的学生在校期间找到了创业的机会,当学业与创业不能兼顾时,我认为,学校应该给他们时间去创业,而不应该让学业的负担使他们丧失机会,毕竟机会难得。当他们渡过创业最初的艰难之后,会有时间处理好学业与工作的关系的,现在我们的周围不是有很多人在职读研、读博吗?"高校中的一位博士生如是说。"休学从商,只不过是学分制的一种表现形式。"一位大学教师说,学分制教学,只要学生修够学分,就可以拿到文凭和学位,只不过在我国的学校中,实行学分制的学校,大多为学年学分制,由于办学条件的限制,对学生的修读年限有比较严格的限制。清华的举措,迈出了向完全学分制推进的重要一步。除学业、身体、家庭原因,大学生还可由于创业而选择学制。

大学里也有"不同的声音"。有的教授说,学生们不要急着创业,在大学里"模拟模拟"可以,但绝不能陷得太深,不能误了学业。应该看到,个别学生出于某种情况可以休学从商,但这不能成为一种潮流,读书的机会对学生而言,比创业更重要。也有的教授认为,能创业的学生终究只是少数,学校在考虑其休学申请时也应掌握一个尺度,因此,没有必要对休学从商一事看得多重。一位校外人士更干脆,大学生本事没掌握多少,创什么业?还是先好好读书吧!

对大学生创业,企业界怎么看?社会怎么看?赞助中国大学生创业计划竞赛的上海大众集团总裁杨国平说,我们赞助中国大学生创业计划竞赛,是因为我们认为这一活动有意义,大学生用自己的创新能力进行商业活动,这一过程的意义甚至超过了最终取得的科技成果。从大学生的参与热情以及实际取得的效果来看,这一活动的目的达到了。

在2000年1月18日首届大学生创业计划竞赛高层论坛会上,王选教授讲到:"中国要鼓励年轻人冒险。现在,很多年轻人创业激情高涨,善于抓住机遇冒险和创新,极其难能可贵。但是创业要成功,更需要一追到底的精神和长期忍受艰难困苦的准备。大家熟知盖茨、戴尔,他们年纪轻轻就开始创业,但是不是创业就得像盖茨那样非要辍学呢?不是,创业更需要扎扎实实地积累知识和经验。"

针对大学生休学创业办公司的现象,王选教授说:"这种'辍学效应'是很表面化的。我还是主张在大学学习期间,要尽量争取满脑袋,而不要急于满口袋,满脑袋的人最终也一定能满口袋。在我看来,创业大赛的更大意义在于鼓励年轻人不能安于现状,要敢于冒险,敢于创新。"

专家学者们的言谈话语,既有热情的鼓励,又有诚恳的忠告;既谈到了创业的发展,又指出了大学生在创业中的艰难。为大学生创业指明了利弊与方向,对大学生来说,真可以说是难能可贵的。

2. 理性应对大学生创业

面对知识经济的挑战,随着高等教育改革和毕业生就业制度改革的不断深化,人们的求学观念、就业观念都在发生变化。毕业生由"统包统分,包当干部"到"双向选择,自主择业"已被绝大多数学生和家长所接受。近年来火爆的大学生供需见面会已印证了这一点。以往那种"一次充电,终生放电"的传统观念已被科学技术的迅猛发展对人才素质的要求所打破,终身学习,以人为本,全面发挥人的内在潜力已是人所共识。在大学生就业形势多元化的今天,大学生创业无疑是一种富有创新意义的新趋势。

在对大学生创业予以充分肯定的同时,作为大学生和教育工作者更应多一些理性思考,切不可盲目应对。任何事物的发展都有其利弊两个方面,大学生创业既有方向性的优势,也有创业环境未能充分形成和大学生对创业艰难估计不足,知识、能力、素质不足的劣势,因此,必须慎重对待,因人而异,理性应对。

从大学生创业的成功与失败,从专家学者的理性评价中,我们对大学生的学业、择业、创业有了一个清醒的认识,由于社会经济成分和经济利益多样化、就业岗位和就业方式多样化、社会组织结构与形式多样化、社会生活方式多样化的影响,大学生已由关注今天的生活到更加关注明天的生存,由关注社会的宏观走势到更加关注个人的发展走向。在学业坚实的基础上科技创业、艰苦创业、自主创业,正是大学生关注就业发展、投身社会、关注个人生存与发展的新趋势。

(三)大学生应如何应对创业浪潮?

我们从大学生的创业实践中,感到以下几方面的思考对大学生有所

第四章　大学生创业就业的形势与政策保障

帮助。

一是工业经济向知识经济的转型为当代大学生创造了难得的机遇，中国加入世界贸易组织与国际经济、科技的发展融为一体给人才的成长提出了特殊的要求，作为思想活跃、富有创新意识的当代青年理应在知识经济时代充分展示自己的创新才能。

二是大学生创业是经济和社会发展的必然产物，是对传统就业观念的一种变革。在人的一生发展中，创业将伴随每一个人，由于人事制度的改革，在未来社会工作中，每一个人所面临的并非是一次就业定终身，而是面临着多种选择，一次创业、二次创业将是发展中会常常遇到的，因此，创业在未来的发展中将会有巨大的发展潜力。

三是大学生创业，无论是在校创业，还是休学创业或是大学毕业即创业，无论从经验还是从能力来看，都有相当大的困难，目前看，学校和社会为大学生所提供的创业环境与机制还不完善，在风险投资、公司注册、知识产权、经营管理等各个方面还没有形成有效的配套体制，因此，能够走出校园书写个人创业史的必定是少数学生。

四是从邱虹云、李玲玲等一批"知识英雄"的身上，我们看到了一种自强不息、艰苦创业的希望。但理智告诉我们，创业不是纸上谈兵，必须具有坚实的学业与科研基础，邱虹云被誉为"清华爱迪生"，拥有多项科研成果，李玲玲获得六项发明专利。这是他们创业成功的坚实基础。

五是大学生要处理好学业与创业的关系。珍惜大学时代的宝贵时光，在知识、能力、素质等方面培养自己的创新品格、创新精神。

具体而言，大学生要注重以下几个方面知识与能力的培养。

首先要多读一些哲学方面的书，哲学素质对一个人的发展至关重要。哲学素质不高的人，可以把工作做得很好，但要想跨越一个台阶很困难。要想取得较大的成就，有时需要一种舍弃之心，或者说对事物的一种哲学看法。

其次，要培养完善的性格、认真的做事态度、面对挫折自强不息的意志品质。这种心理品质的形成将有助于大学生在未来竞争激烈的事业中取得成功。最主要的是为人谦虚、诚实、善良和宽容豁达。一个斤斤计较的人可能挣一点点钱，做个小老板，但不会有大发展。要培养自己在音乐、美术、体育各方面的感觉，有时要强迫自己学，才能得到这方面的感觉，才能综合形成你表面看不到的潜力。

第三，要勤奋钻研，养成科学严谨的作风。要拓宽自己的知识面，在政治、经济、科技、文化知识不断积累的同时，突出自己的专业优势，注意了解和掌握本专业当代科学发展的前沿领域中的信息，拓宽视野，在专业学习中增强自己的积极性和主动性。

第四，积极参加各种校园文化活动，有针对性、有目的性地参加科技类的活动，培养自己的能力，特别是组织能力、协调能力、管理能力、策划能力等等。活动重在参与，不要怕失败，怕丢面子，要敢于暴露自己，古往今来，成大器者都是无所畏惧者。这是一种心理品质的客观反映。

第五，要常常思考自己活着是为了什么，做什么，我的优点在哪儿，我适合于做什么。给自己树立一个目标。大学生创业不是异想天开的事，也并非人人都能当比尔·盖茨，应实事求是地找准自己的定位，然后持之以恒地去奋斗。

由此可见，大学生创业是大学生走向社会展示自我、艰苦创业实现自我价值的一种选择。创业必然存在风险，创业与否主要还是要看有无很好的机遇和是否具备必备的条件。现在的风险投资和创业热潮使人们忘记了风险。其实不是每个人都要创业，不是每个人都要现在创业。

但是我们切切记住，大学生创业是历史发展为大学生成才提供的一种充满挑战的选择，它所蕴含的是创新精神在大学生中的传播与张扬。

成功永远属于敢于冒险和拼搏的年轻一代！

中国高校必将涌现出一大批"比尔·盖茨"。

二、大学生就业的谋划

大学生完成学业，进入社会后，就开始了人生的职业生涯，对于刚刚走上工作岗位的大学生来说，这是其人生历程的重大转折。但当他们胸怀着自己的理想，憧憬着美好的未来，走上社会的大舞台时，也许是兴奋与陌生相随、喜悦与不安相伴。现实可能不尽如人意，事情的发展也不是想象的那么简单，这些会使毕业生感到迷茫而无所适从。

（一）角色转换与认知

1. 角色和角色转换
（1）社会角色

"角色"一词本来是戏剧中的一个专有名词，按其本意讲是指演戏的人化装后扮演的戏剧中的人物。美国社会学家G. H. 米德首先将这个专有名词运用到社会心理学中，他认为社会也是个大舞台，社会中的人就是它所扮演的各种角色的总和。一般认为，社会角色是指人们所处特定社会位置和身份所决定的规范体系和行为模式，是人们对具有特定地位的人的行为的一种期望，它构成社会群体或组织的基础。社会角色的实质就是社会赋予人的社会权利与义务。

社会角色由角色权利、角色义务和角色行为规范组成。个人在不同时间、不同场合、不同环境中处于不同的社会位置，享有不同的社会权利，履行着不同的社会义务，遵循着不同的社会规范。在现实生活中，一方面，每个人总是承担着各种社会角色；另一方面，任何一种社会生活角色不是独立存在的，人的多种社会角色是其多种社会关系的反映。

（2）角色转换

在社会生活中，人的社会任务或职业生涯随着自身所处内外环境的变化是不断变化的，社会角色也会随之变化。一个人由于客观或主观原因，使其扮演的一种角色转换为另一角色的过程称为角色转换。任何一个社会角色的扮演通常要经过角色期望、角色领悟、角色行为三个阶段。角色转换的根本变化是社会权利和社会义务的变化。

大学生毕业走上社会后，面临着如何从"大学生"这个角色转换到某个岗位的工作人员角色的问题。这时每个人都要完成一种角色转换，从以学习为主转变为以实践为主，从学业上依赖老师到实践中的独立操作；从经济上的消费者到独立谋生者、财富创造者；从相对单纯的校园受教育者、无责任者到面临复杂社会的教育者、社会责任者。

原有的权利和义务也都随之发生根本变化。但是，由于转换后的角色所处的环境条件、活动方式和关系等都发生明显的改变，不少大学毕业生又缺乏必要的思想和心理准备，以至于刚进入新的角色，就表现出不适应，感到难以胜任，甚至茫然不知所措。因此，大学毕业生要有充分的思想准备，正确地认识和评估自己，脚踏实地在实践中磨炼自己，保持良好的心态，更好更快地完成角色转换。

2. 影响毕业生角色转换的因素

由于学生角色与职业角色不同，因此大学毕业生步入社会后，必须按承担的职业责任和行为规范调整角色。角色转换的时间有长有短，有的一年半载，有的一年至两年。适应期的长短受诸多因素的影响，概括起来讲有以下几方面。

（1）环境因素

首先，学生生活环境是经过加工的秩序化的环境，职业生活环境是自然的、未经设计的环境。高校从教学计划、教育安排，到授课教材、作业、考试，从班级集体的组织到生活的吃、住、行，都是经过精心设计安排的，很有秩序的。而职业生活环境则主要靠自己去摸索、奋斗，没有人为你精心设计。

其次，学生生活是浪漫的、自由的，职业生活是现实的、郑重其事的。学生生活的一个重要特点是思想言行一般不直接转化为社会现实。如做作业是为了消化课堂知识，巩固课堂学习，即使做错了也不要紧，可以重做。职业生活根本不同，你设计的工程项目、诊断的处方和签订的合同等，错了一个字，甚至一个标点符号，后果是不堪设想的；你当法官、做记者不实事求是，会造成极大的社会影响；你当教师，言、行都会影响学生。

再次，学生生活属非分配领域，同学之间一般不发生直接利益冲突，同学间的感情是比较纯洁的，能保持相当长时间；职业生活属分配领域，相互间利益相关。人们通过职业生涯既要成就事业，又要养家糊口。选拔干部时，一个职务多人竞争；评定职称时，有优胜劣汰的淘汰机制；职业生活的协调靠政策、机制。刚走上工作岗位时，很多同学对此极不适应。我们曾在毕业生中进行过追踪调查，80%以上的毕业生认为："大学毕业的头两年，似乎是人生中最痛苦、最茫然的一个时期。"

(2) 心理因素

理想与现实的差距、期望与实际的不平衡使毕业生产生了一系列走向社会的不适应心理现象。

①依恋心理

走上工作岗位后,毕业生发现现实情况并非想象中理想,长期在学校形成的价值观念、生活方式、思维模式、行为规范,都遇到了新问题,容易在心理上产生失落感和依赖感,习惯于以学生角色的思维方式来观察、分析和处理问题,以学生角色来要求自己和对待工作。

②自负或自傲心理

主要表现为目空一切,以为自己最正确,用批判的眼光看待领导、单位和周围的一切,使自己游离于社会群体之外,自以为接受了多年的正规高等教育,年轻,有知识,有才干,是个了不起的人物,放不下架子,不愿做一些不显眼的事,总以为被大材小用了,被浪费了,结果是大事做不来,小事又不做。

③浮躁心理

对待工作总有雄心壮志,但缺乏对工作性质、目标、职责和方法的认识,缺乏理解和钻研,或缺乏"一竿子到底"的韧劲和毅力,往往一遇到困难和挫折,就半途而废,坚持不下去,或不安心于本职工作,见异思迁,这山看着那山高,频繁地"跳槽"。

④攀比与嫉妒心理

学校中的强者未必是社会工作中的强者,现实中工作地域、收入和待遇、生活环境的差距是客观存在的,这些差距的存在往往使部分刚踏入社会且喜好攀比的大学生难以接受,见别人干得好,不是见贤思齐,向其学习,而是冷嘲热讽,诋毁别人,从而影响了他们开展公平的竞争和正常的交往。因此,大学毕业生在争取单位帮助的同时,应当注意调整、控制、改善自身的心理卫生状况,以乐观的精神面貌和勤学苦练、踏实肯干的良好作风赢得大家的认可,顺利地融入新的社会环境,成为令人满意的一员。

3. 如何尽快实现角色转换

(1) 强化职业角色意识

大学毕业生进入新单位后,首先应该认清自己在工作环境中所承担的工作角色以及这个角色的性质、职责范围，弄清工作关系中上级赋予自己的职权和自己承担的义务。其次应该意识到，在工作环境里，就应像演员在舞台上那样，严格按照剧情需要和程序"亮相"来行事。再次，根据"场景"的需要和不同工作角色的特点，灵活地变换"扮演"好每一个角色。如果角色意识淡漠，一意孤行，我行我素，该请示的擅作主张，该自己处理的事务不敢做主或推给上司、同事，势必会与新环境格格不入。大学毕业生由于年龄、性格与阅历的关系，刚上班时常常不能达到单位环境所规定的角色要求。因此，应以主人翁的观念，调整观念和行为，强化职业角色意识和角色责任。

（2）增强独立自主意识和社会责任意识

长期以来，绝大部分大学毕业生都是在接受外界给予中成长的，所以缺乏自主的意识和独立生活能力是当今大学生普遍存在的问题。大学毕业生走上新岗位后要把自己学习掌握的知识和能力，通过提供劳动或服务的方式回报社会，则需要提高自己的自主意识和创造能力。与此同时，从学生生活转入职业生涯以后，获得职业收入，经济上也有自主的能力，于是社会、家庭很自然地向其提出增强自主意识和自主能力的要求。同时，独立自主是大学毕业生实现角色转换的客观要求和重要条件。

大学毕业生走上工作岗位以后，其工作或服务的质量和结果，不再被社会简单地看作是学生角色的个人之事，而是从其承担社会责任来加以评估。如一个工科毕业生从事工程项目设计工作，其项目设计质量的高低，不仅影响到自己的发展前途，更重要的是可能会影响到所在单位乃至整个地区的经济运行情况。同时，毕业生需时刻意识到自己所从事的工作和社会发展的关系，明确自己对社会所承担的责任，按照职业角色规范的要求，努力履行自己应尽的社会义务。

（二）主动适应社会

任何人对于环境的改变都需要一个适应过程。大学生在校园里生活十几年，转而来到纷繁复杂的社会，会产生诸多不适应是不足为怪的。问题在于如何正视现实，学会尽快适应新环境。适应期的长短，不仅会影响大学毕业生今日的立足，而且会影响到大学毕业生今后的发展。

毕业生尽快地了解社会和自己、正确地分析社会和自己，是适应社会、尽快胜任工作的前提。大学毕业生充分认识到自己的优势和劣势，有利于其在以后的工作、生活、学习中利用有利因素，这对毕业生的成才和发展具有十分重要的意义。

重新审视社会，用新的职业角色的角度去认识分析它，充分了解社会的政治、经济、文化及职业的要求等方面因素，同时全面认识到个性、能力、气质、性格、兴趣等方面的长处、短处，可以帮助毕业生制订自己的职业生涯发展规划，设计自己的职业生涯。同时也可以帮助毕业生不断地调整和改善自己的职业观念、态度、习惯和智能结构，以适应职业实践的发展和变化。

大学毕业生由于缺乏实际工作经验和社会阅历，解决实际问题的能力较弱，容易摆不正自己的位置，很容易发生社会角色偏差或角色错误。因此，大学毕业生一方面应通过与社会的接触，熟悉社会，掌握职业角色规范，遵守职业角色的模式，增强对职业角色的认同感和归属感；另一方面，通过业务知识的学习和实践，适应工作的需要，尽快调整自己的应变能力、社会交往能力，培养自己的观察、分析、判断、解决实际问题的能力。

（三）建立和谐的人际关系

1. 学会与人相处的艺术

刚刚步入社会的大学生，学一些与人相处的艺术，对建立良好的人际关系是十分必要的。

（1）对上级服从而不盲从

下级服从上级，个人服从集体，这是一条组织纪律。刚到单位的年轻大学生要特别注意遵守这条纪律，同时，这也是一条起码的工作准则。但应该知道，服从不是盲目听从，更不是趋炎附势，阿谀奉承。工作中要尊重领导，维护领导的威信，积极主动地做好本职工作，以出色的成绩支持领导的工作，也要经常向领导请示、汇报自己的工作，以求得领导的理解和支持，同时要认真领会领导的工作意图，如与领导意见不一致时，要讲究场合，采取合适方式提出合情合理的建议。

（2）为人规矩而不拘谨

年轻的大学生在工作岗位上要注意，无论在领导面前还是在同事面前，言谈举止应庄重文雅，不能过于随便或轻浮，以给人一种既有学问又有修养的好感。上班时不要大声叫喊或嬉笑喧闹不止，或不顾对象地乱开玩笑，等等，这些都是不规矩的行为。但是在他人面前也不应该过分谨小慎微，这样又会使人觉得你办事缺乏个性，过于拘谨。

（3）与人相处态度和谐，尽量面带微笑

每个人都愿意看到自己周围是面带微笑、态度和睦友好的面孔。如果对任何人或任何事都是一张轻松愉快的笑脸，别人容易和你亲近。上班时与人笑脸相迎，下班时微笑而别，相信你在人际关系上定能收到意想不到的效果。

2. 养成良好的工作作风

工作作风是指工作人员对工作、事业所表现出的一贯态度和行为。良好的工作作风是一个人取得事业成功应具备的基本素质，是大学生就业成功的有力保障。

（1）爱岗敬业的作风

爱岗就是要热爱自己的工作岗位，敬业就是专心致志地做好所从事的工作，是对事业的责任感和无私的献身精神。有爱岗敬业精神的人应当是成熟而有责任心的人，以圆满完成工作任务而不是以升迁和报酬来衡量自己的人。一个人即使有很强的能力，但若没有爱岗敬业的精神，则很难在工作岗位尽心尽力地发挥自己的才能。有些大学毕业生认为：在市场经济条件下，人才流动正常，跳槽也较频繁，以前提倡的"干一行、爱一行"的精神已经过时，似乎市场经济不需要敬业精神了。事实上，越是市场经济越需要敬业精神，定编定岗人事制度的改革机制，更明确了每个岗位的职责。相配套的辞退机制，进一步体现了敬业精神的重要性。因此，刚毕业的大学生，要立足于现有的普通工作岗位，以饱满的工作热情，强烈的事业心和责任感，爱岗敬业，培养自己较强的工作能力，只有这样，才能在平凡的岗位上做出不平凡的业绩。[①]

（2）艰苦奋斗的作风

通往成功之路并不是那么平坦。大学毕业生在人生征程中，要培养自己艰苦奋斗的精神。艰苦奋斗是吃苦耐劳的品质、顽强卓绝的拼搏、矢志不渝的奋斗，是一种传统，一种作风；又是新时期现代化建设需要的创业精神。随着高等教育从精英化教育向大众化教育发展，今后大学毕业生的就业岗位下移已成趋势，即部分大学毕业生要干现在学历较低的人所从事的职业，这就要求大学毕业生在思想上要有吃苦的准备、旺盛的斗志、坚忍不拔的毅力；在生活上，要艰苦朴素，克勤克俭，不铺张，不奢侈；使用公共财产时，精打细算，厉行节约；在工作上，要脚踏实地，勇挑重担。

（3）开拓进取的作风

时代在发展，社会在进步。强者是一定时代的强者，任何想做时代强者的人必须置身于时代的洪流之中。当今时代，竞争机制已渗入社会的各个领域和人生的整个过程，如果用过去的一些陈旧思维方法和工作模式已无法解决现实中的许多问题。大学毕业生要树立竞争意识，增强竞争能力，不能满足于一时之功，安于现状，不思进取，而应转变观念，冲破旧的框框，勇于探索和开拓，创造出辉煌的业绩。

（四）开拓创新，立志成才

大学生毕业后，即开始了人生旅途中一段新的征途。祖国辉煌的未来和人生事业成功的前景已经展现在面前。然而，通往成功的道路并不平坦。开拓才能创新，立志方可成才。

只有经过顽强拼搏，脚踏实地，不断完善知识结构，提高综合能力，才可能在现代化经济建设的伟大事业中实现自己人生的辉煌。

[①] 罗开元.大学生就业简论[M].北京：中国人民公安大学出版社，2003.

1. 志存高远

不少刚毕业的大学生踌躇满志地走向社会，想成就一番事业，实现自己的人生价值，得到社会的承认，可谓一腔热血，但是，实际上面对的却是具体、琐碎的工作。这时候，大学生往往沉不住气，其弱点就会显露出来。因为他们在潜意识里自我感觉良好，认为自己有才华，有知识，有能力，应该安排到重要的工作岗位上，这样才能有所作为。

在这样的心态作用下，他们会不自觉地流露出优越感，甚至不把别人的工作经验和工作能力放在眼里。而实际上，新来的大学生由于缺乏社会生活阅历和实际工作经验，不了解单位情况，他们不一定能很好地胜任工作，更不要说单位领导会把重要的工作一下就交给一个不清楚实际能力的大学生。

一般来讲，单位招聘录用你，当然期待着你挖掘潜能，为单位事业的发展发挥聪明才智。但是你可能被指派到极不起眼的岗位，未被很快委以重任，因为单位领导需要经过对你一段时期具体工作的考察、考验来发现你的特长和才能。因此，毕业生在就业上岗时应认真、主动地接受这样的考验，一个有理想、有抱负的青年，只有确立远大的目标，经过长期的艰苦奋斗，才能事业成功。

理想是人生力量的源泉和精神支柱。高尚的职业理想，可以让人们将人生目标的追求和实际工作的努力紧密结合起来，产生一种巨大的精神力量，推动着人们在职业劳动中发扬献身精神。然而，理想必须通过实践才能转化为现实。每一个大学生应该设计好人生的目标，思想上不被个人主义所束缚，志向不被眼前利益所左右，心思不被追逐实惠所耗费，而应立足基层单位，着眼本职工作，切忌"这山望着那山高"。"世界上只有伟大的事业，没有伟大的职业""三百六十行，行行都能出状元"，一个人只有安心于并热爱自己的本职工作，为之付出艰苦的努力，才能取得成就。

2. 勤于实践，勇于竞争

实践是知识常新和发展的源泉，是检验真理的试金石，也是毕业生锻炼成长的有效途径。一个人的知识和能力只有在实践中才能发挥作用，才能得到丰富、完善和发展。毕业生要成才，就要勤于实践，将所学的理论知识与实践结合起来，在实践中继续学习，不断总结，逐步完善，有所创新，并在实践中提高自己由知识、能力、智慧等因素融合成的综合素质和能力，为自己事业的成功打下良好的基础。

当今世界强调能力的培养,认为能力是成功的关键。但一个人能力的获得主要靠实践的磨炼、经验的积累。一个人生活经历曲折、阅历丰富,能力相对而言就强,能力来源于生活实践。因此,毕业生在平时工作中要向有经验的技术人员学习,勤于动手,勤于实践,从实践中增长聪明才干。

3. 把握机遇,走向成功

机遇是指机会、好的境遇。在人的成长过程中它是一种客观存在,起着重要的作用。爱因斯坦说过:"机遇只偏爱那种有准备的头脑。"牛顿通过偶然的机会,由树上掉下来的苹果引发思索,从中发现了万有引力定律。如果牛顿事先没有思想准备,即使在树下等一辈子,也不会悟出万有引力定律。因此,机遇只提供了一个有价值的现象,一个有意义的线索。机遇对成功来说只完成了一半,剩下的一半要靠自己的努力。真正抓住了这个现象,进而做出科学的解释或产生一定的社会意义、社会效益,就需要有抓住机遇的能力,善于把握各种时机,驾驭各种难以预测的变化。

第五章 "双创"人才培养视阈下大学生创业能力的发展探索

创新创业是目前时代发展的呼声与要求，国家鼓励大学生走出校门后积极进行创业，并为大学生创业提供了各方面的便利与支持。然而，创新创业并不是一件容易的事情，需要大学生在学校学习期间对这方面进行充分的准备，从而在开始创业时做到有备而来，实现自己的事业与理想。

第一节 创新是时代的发展要求

习近平主席在十八届五中全会上提出，坚持创新发展，必须把创新摆在国家发展全局的核心位置，不断推进理论创新、制度创新、科技创新、文化创新等各方面创新，让创新贯穿党和国家一切工作，让创新在全社会蔚然成风。

"创新是一个民族进步的灵魂，是一个国家兴旺发达的不竭源泉，也是中华民族最鲜明的民族禀赋。"无论是在推进改革中强调"把科技创新摆在国家发展全局的核心位置"，还是在经济转型中提出"我国科技发展的方向就是创新、创新、再创新"，在习近平的执政思路中，"创新"始终占据着重要位置。

一、国家富强离不开创新

创新意识是决定一个国家、民族创新能力最直接的精神力量。今天，创新能力实际就是国家、民族发展能力的代名词，是一个国家或民族解决自身生存、衡量发展能力大小的最客观和最重要的标志。

创新的国度：只有800多万人口、2万多平方千米国土的以色列，总体规模只相当于一个中国大城市。然而，这个"弹丸之国"却是创新创业的"超级大国"。目前，以色列拥有近6000家创新科技公司，初创企业总数仅次于美国硅谷，人均创业密集度全球第一，近400家知名跨国企业在以色列设有研发中心，英特尔、谷歌、微软等企业的不少颠覆性技术在这里萌芽。

"以色列到处都充满着创新活力。"正如以色列驻华大使马腾所说，在以色列随处都能感受到创新，感受到人们对于创新和创业的热情。"如果不去创业，我就是个失败者。"致力于帮助少数族裔创业者寻求资源和投资机会的Hybrid公司创始人艾坦·塞拉说，很多以色列年轻人都有和他一样的想法，他们的职业理想就是通过创立企业实现自己的想法。创新似乎已经融入以色列人的血液，成为以色列人基因中的一部分。[①]

二、工作离不开创新

  工作创新能力，是指在工作岗位上创新自己工作的能力，如产生新的思路、方法、措施，产生新的工作效果、效益。创新能力的产生在于学习、实践、改进及不断地认真努力，从而逐步产生新的工作感悟，产生新的工作能力。一个人的工作创新能力的产生在于一个人的革命精神和科学态度结合，和人的世界观、人生观、价值观的正确认识逐步提高有关，和人的教育背景、文化程度、工作环境、学习实践、追求进步精神认识等方面都有相关性。提倡提高工作创新能力，会促使我们的工作做得更好。
  例如某报纸的一名业务员发现拉广告很难做，因为大客户基本都已经有了固定的投入对象，小企业又没有足够的资金。这种情况下如何提升业绩呢？这名业务员盯着大幅的广告发愁。突然他眼前一亮：如果把大幅的广告切割成一个个小块的广告卖给小企业，而且把报纸的中间空白部分利用起来，这不是两全其美吗？他大喜过望，立即行动，谈了几个小企业都很乐意，于是豆腐块广告面世了！
  没有任何定理是永恒的。对豆腐块的合理运用同样也是一种创新，不走寻常路，才能在工作中有所创新和成就。

---

① 孙凌云.大学生就业指导与创新创业教育[M].济南：山东人民出版社，2018.

三、工匠精神与创新

在世界经济普遍低迷的情况下，德国经济在欧洲仍能一枝独秀。去过德国的人都会被德国工人的工匠精神所触动。工匠精神实际上是一种敬业精神，就是每个人对所从事的工作锲而不舍，对质量的要求不断提升，对每一个工作岗位上的每一件事都不放松。德国的工匠精神，首先是教育的结果。哪怕对一个商店的售货员也要进行系统的教育，包括包盒子、做礼品等等。其次，这种精神产生于文化。德国在第一次世界大战以后，产品粗制滥造，知识产权保护也有很大的问题，20世纪初，德国制造的商品出口到英国，英国人强制性地让其打上原产地。德国对此进行反思，逐渐对每一件事情都认真要求，形成了工匠精神，产品质量越来越好，得到世界各国的认同。在当今这个创新时代，我国也要加强基础教育，加强职业教育，使更多产业一线的工人能够得到更系统的教育，使质量为上变成企业发展的文化，使每个人都把产品的质量和创新作为自身需求、自身文化的组成部分。

另外，创新也是工匠精神的一种延伸。小到每一个工作环节中的高质高效的创造，大到一个新的产品、一种新技术的开发，都是工匠精神。因为你只有对每一个细节、每一个环节都了解，才能够提升它，改进它，保证产品不断精益求精。所以，工匠精神和创新精神是相互联系的，发扬工匠精神最大的目的就是要提高产品的质量和效益，使每一位顾客都满意、都喜爱，这样产品品牌才能树立起来。

对近400位中国及外资企业高管的调查显示，42%的中国企业和21%的在华外资企业认为，创新在公司战略议题中的重要性排名第一。越来越多的中国企业在对本地市场及客户需求深入了解的基础上，将创新重点转向技术研发领域，试图以技术创新取得先发优势。创新在中国企业全球化战略中扮演着重要角色。[1]

当代大学生应该具有勇于创新的精神。一个人的创新能力不仅可以体现

---

[1] 孙凌云.大学生就业指导与创新创业教育[M].济南：山东人民出版社，2018.

个人的综合素质，而且可以衡量一个国家的教育水平。钱学森曾经提出："为什么我们的学校总是培养不出杰出的人才？"钱学森指出："现在中国没有完全发展起来的一个重要原因是，我们没有一所大学能够按照培养科学技术发明创造人才的模式去办学，没有自己独特的创新的东西，所以老是冒不出杰出人才。"因此我们应该努力培养学生创新创造的能力，在办学模式上应该优化教育体制，这样才能培养出拥有创新意识的大学生。

第二节　大学生创新能力训练

一、大学生创新思维及其训练要点

（一）敏锐的洞察思维

1. 洞察思维

洞察能够发现内在的规律和意义，对事物观察得十分透彻。比如华为的任正非在美国对华为采取限制之前就已经开始自主研发鸿蒙系统，尽管公众对美国政府对华为突然的禁令颇感意外，但是对华为已经自主开发操作系统并已经具备在手机、平板、电视等终端应用的先见之明和未雨绸缪更为吃惊。而这与华为总裁任正非多年对行业洞察紧密相关，几百篇公开的内部讲稿就是最好的证明——从华为的总部深圳到整个中国，再到东南亚、非洲、欧洲、美洲，以至于全世界范围的观察和分析，从研发、市场、服务到人力资源、战略，从物理学、化学、数学到心理学、哲学，从交换机、通信设备、移动终端到人工智能、物联网，从2G到5G历经的整个过程，仅仅只是

第五章 "双创"人才培养视阈下大学生创业能力的发展探索

公开的讲稿所涉猎的深度和广度就让人赞叹不已。任正非提出用物理学中的耗散结构来经营管理公司，用都江堰建造时的思想制订企业战略方针，正是这种跨领域、跨学科的思维方式帮助华为提升洞见行业本质和处理不确定状况的能力。

多数企业创新者都是积极观察者，观察现有事物的变化和异常，寻找可以改进的任务和更好的解决方式。美国著名设计公司IDEO的总经理汤姆·凯利（Tom Kelly）在他的著作《创新的艺术》中指出，创新始于对日常生活的观察，在看上去自然的东西上挖掘，慢慢会有改变常规的能力，他以牙膏管、血压计、文件夹等举例说明如何观察习以为常的生活，通过观察蛛丝马迹，与孩子交流，开展人性因素的观察等方式，发现各类商品和服务改进的可能和各种意想不到的见解。

几乎所有的商业创新都包含着对生活和世界的观察，如短短6年时间累积用户人数超过8亿人次的国内社交电商平台拼多多，在2020年活跃用户人数首次超过了淘宝，成为国内最大电商平台。试想，如果拼多多沿用淘宝相同的模式，毫无创新创意，想必也无法在淘宝、京东等各大电商的激烈竞争中脱颖而出，实现逆袭。拼多多创始人黄峥在多次访谈中被问及如何产生创立拼多多的创意和想法，他的回答耐人寻味，即是展示创新者观察特质最好的示例之一，他的答案是这样的，在家休息的时候，观察和思考到这么几个方面：第一个观察是看到智能手机出现以后对人们日常行为带来的巨大影响，特别是移动支付和畅通的物流体系逐步完善和进一步应用；第二个观察是团队原本做的游戏软件用户主要是多数男性和少数女性，而对于女性真正主流的游戏就是购物，并且大部分时候购物注重的是体验和感受，拼多多即是基于创始人团队已有游戏平台建设经验的社交电商模式（"拼"），加之将游戏化的快乐元素和购物体验（"多乐趣、多实惠"）找到一个较好的交叉融合点；第三个观察是社交平台使用时间越来越多的同时带来流量背后的巨大商机。这种创新是基于对移动互联网如何影响和改变老百姓日常生活的深刻洞察，基于对女性购物行为和需求的观察和思考，当然也是一个将游戏从以男性为主的应用场景迁移到以女性为主的购物场景的一种创新方式。

2. 训练要点

观察思维的培养是为了具备敏锐的洞察力,以帮助学生具备在未来发现问题、寻找机遇或察觉危机和挑战等的基本能力。如何培养观察思维,这里列举几种常见的方法。

(1) 求同思维

学会比较和识别相同之处,如从两段新闻中,把出现过的有关"在线教育受欢迎"的相同原因归类,理出中美贸易摩擦中,哪些是中美两国认同的共同利益(这一部分是有可能达成的)。

(2) 求异思维

比较两种相同事物的不同之处,如从两张相似的图片中找出几处不同之处,从两个相似的案例中比较不同之处,从两种相似的商业模式中比较不同之处,比较双胞胎的不同之处等。

(3) 逆向思维

逆向思维是指站在当下情境的对立面,即相反的方向去看待问题,反向思考和看待问题。这里列举一个曾给学生出的练习题:结合当下的新冠肺炎疫情,请从衣、食、住、行、娱挑选其中之一,来谈谈如何不浪费一场危机,当一件不算太好的事情发生时,要逆向思考想想,有没有什么因此而提高,比如对健康的重视,对公共卫生的重视,那么在生物医药领域产业投资很可能会加大,后续可以有相关的推断。

(4) 发散思维

发散思维是由美国心理学家J.P.吉尔福特在《人类智力的本质》中提出来的,从流畅性、灵活性和独特性出发,提出从不同角度、不同层次、不同方向进行探索,从而提出新的解释原因、新的方法、新的结构、新的功能等,开放性是它的重要特征。如头脑风暴是较多使用的方法,比如在白板纸上尽可能写出互联网的作用,穷尽所有能想到的点,把它写出来,尽可能地发散,通常在寻找思路初期用得比较多。

(5) 收敛思维

收敛思维与发散思维刚好相反,它是把不同角度和不同层次的信息聚集在一起,进行组织和重整,是一种将开放状的信息转向相对集中的状态的方式。比如在刚才发散思维之后,大家把所有跟学生有关的点聚集在一起归

第五章 "双创"人才培养视阈下大学生创业能力的发展探索

类,也就是现在焦点变成了互联网作用中与学生有关的所有信息,信息得到了聚集,这种方法在找问题、找特征、梳理观点时极其有效。

(二)较强的问题思维

1. 问题思维

创新的本质是发现和解决问题,问题是激发创造性思考的重要导火索,有时候找到问题即是找到了通向更好解决方案的钥匙。国内著名经纪人杨天真在每一次面试公司新人的最后,都会向对方提问"你有什么想问我的吗",如果对方回答说"没有",她基本不会录用这个人。提出问题的背后是积极的观察,带着推陈致新的心态和与对方不同的视角思考问题,刨根问底且常常是富有意义的提问。比如加拿大有家医疗公司专门研究采用非常规的方式使用常规药物,创始人威廉·亨特(William Hunter)首创了药物涂层手术支架来避免和预防血栓发生,区别于普通的支架生产商"如何才能做出更好的产品",他的提问更指向造成原有问题的根本,"为什么手术会失败,是有何不良反应",并且好的问题将帮助他们靠近更优方案,不断地追问和尝试帮助解决产品的痛点,造就了产品不断创新和迭代。[①]

对现状质疑、对常识质疑、对产生原因质疑……主动积极的提问和打破边界是创新者的一种常态。正如PISA2021将要加入的创造性思维评价,其中解决社会问题和科学问题将是考核的重要标准,但是解决问题的前提是先要发现问题。阿里巴巴开创的初衷是为了让天下没有难做的生意;网易最初创立考拉海购是为了解决跨境消费需求;网易严选则是通过ODM(原始制造商)的方式提供高性价比的商品,同样发现和解决性价比问题的公司还有无印良品、优衣库、名创优品等;而在新冠肺炎疫情下网络直播模式异常火爆来应对疫情对购物场所和环境人流限制或减少所产生的影响,这里最具有代表性的例子,就是携程董事会主席梁建章旅游直播带货的数据,37场直播,梁建章被网友围观了1.7亿次,带货成果达2.4亿,当然梁建章博士最为关注

---

① 汪歆萍,熊丙奇.大学生创业[M].上海:上海交通大学出版社,2001.

的问题还是中国的人口问题,为此他还专门写了一部科幻小说来提醒大家聚焦解决人口问题;在教育创新中,麻省理工学院的可汗面对解决如何让辅导的亲戚孩子们多人不同步在网上能够反复观看相应视频的问题,可汗最初是简单通过上传视频到优兔(YouTube)的方式,而后为系统解决个性化学习问题,建立了面向全球免费的学习网站,录制上传视频,根据不同需求加入测试,鼓励及针对学生、老师、家长开设不同的网页通道等,问题往往是创新的指引。

2. 训练要点

问题思维与观察思维其实是相辅相成的,有观察才能发现问题,发现不协调,发现不合理、不符合常规、不明确,进而有疑问,这里根据布鲁姆的6个不同层次的目标,从知道、理解、应用、分析、评估、创造出发探索如何提出有效的问题,这里以老年人和科技产品为例。

知道:从了解信息的角度提问题,比如问谁,什么时候,哪里,什么事情,定义,某件事名称或人名等,比如老年人的定义是什么,多少岁可以被认定为老年人,科技产品是什么,老年人什么时候、在哪里可以用科技产品等。

理解:从了解原因、运行机制、能够描述某件事物等角度提问题,比如老年人为什么要用科技产品,他们怎样用科技产品,他们使用科技产品的场景有哪些等。

应用:以将原理放在某个情境中去分析和使用的角度提问题,比如列举10个老年人和科技产品有关的场景。

分析:从区分和辨别不同特征、情境等角度提问题,比如为什么有些老年人会用科技产品,而有的老年人不会用,并将老年人细分为几类。

评估:从为什么喜欢、为什么不喜欢、为什么采取A措施、为什么不采取B措施等不同视角去提问题,比如为什么老年人会使用电话功能,但不会使用微信的语音功能;为什么老年人会看抖音,但是不会使用其他类似的手机视频软件等。

创造：创造一个新的事物，比如创造一个可以像电话功能一样方便使用的快捷键，点击之后可以打开微信的语音，方便老人像使用电话功能一样，在无线网络下可以使用微信语音功能。

（三）紧跟时代的协同思维

1. 协同思维

企业创新是为当下和未来社会发展服务的，只有考虑到时代的基本特征，在能够在这个基础上思考国家、行业、企业和个人如何创新以顺应时代的变革发展。根据国家统计局数据，2020年中国的GDP总量首次超过100万亿，占世界GDP比重约为17%，万亿城市突破23个，排名前十的城市分别是上海、北京、深圳、广州、重庆、苏州、成都、杭州、武汉、南京，其中前6个城市已经突破2万亿，而全国人均GDP也已在1万美元以上。

对比2000年，彼时中国的GDP总量为9.9万亿，占世界GDP比重的3.6%，排名第六，经过快速增长的二十年，中国的GDP总量已升至世界第二位。可见过去的两个十年，中国经济实现自身增长的同时对世界经济的影响力也在大幅提升。根据国家外汇管理局数据，中国的外汇储备在1950年、1990年、2000年、2020年分别是1.57亿美元、110.93亿美元、1655.74亿美元以及31154.97亿美元，从惊人的翻倍数字中可见2020年中国对外贸易的发展新格局与2000年的对外贸易状况和形势截然不同。

企业创新往往是识变下的应变，不怕提问题，就怕找到了解决方案，问题不是个真问题，还是找错了方向，真问题往往是在时代鲜活的变化中显现出来的趋势所向，而这一切需要紧跟时代步伐，当主动求变的积极意愿超越了外界环境变化给自身压力的负面影响时，基于现实分析的谨慎而果敢才可能与时俱进。2021年中国已实现脱贫，国民生活基本矛盾已经转向人民对日益增长的物质文化需求和美好生活的向往，老百姓的消费内容不再简单地围绕着满足基本的衣食住行，开始聚焦"高、新、优、特"精品，国内外高品质商品的火爆购买景象即是最好的例证，比如文旅市场开始火爆，电影票房屡创新高……现象背后，是时代和社会正在经历的一场深刻变革——消费者钱包鼓了，精神需求更加丰富了，这是人均GDP超过1万美元的社会都曾面临过的社会转型问题，商业也面临着全新的赛道，市场也变得更为精细化。比如2020年较为火爆的直播带货，财经自媒体吴晓波频道在《2020新中产白皮书》中指出，75%的中产并没有直播购物的习惯，而这种购物模式的常用人群更多的是85后、90后，并且多数分布在二线城市，也就是与时俱进不仅仅要像用望远镜一样看到长远趋势，也意味着要像用显微镜一样看到精细化的分布和变化。

2. 训练要点

这种能力反映出的特征就是与时俱进，而阅读、关注社会和联想是与时俱进的必备条件，阅读是保持大量的信息输入，联想是保持知识与应用场景的联系，其中最为重要的是保持阅读的习惯。马斯克在多次访谈和演讲中提到阅读习惯的重要性，2015年，他接受邀请与清华大学前经管学院院长钱颖一教授对话时，他分享了他读的很多书，多做实验是他认为的学习的秘密。多读书，读纸质书，读电子书，大量的阅读之后，当时代有新的事物产生时，会马上用求异思维找到不同点，有新的发现。

因而，只是读书还不够，应参与实践，积极了解外部世界的变化，通过书籍、音频、视频及其他新媒体方式知晓和理解这个世界的历史、现在和未来。而联想的能力和迁移能力有关。另一个与协同思维有关的就是与人合作思维和能力培养。这里的合作对象指的是同学、老师、家长、朋友等一切可以寻求帮助或获得支持的人和物，甚至可以是人工智能（AI）。同伴之间可以相互合作，相互鼓励，相互学习，使独立的个体创新在团队中有支持的力量。很多时候，共同协作创造的结果优于独立思考，它会增强学习目标感和信心，有效促进学习效果，应继续倡导小组学习、合作学习在课堂的应用活动中的作用，不能让"想有同伴和团队，但是团队成员很多时候没有各尽其职"的情况发生。比如可采取"个人问责"等方式，强调个人在组织中应有的努力和付出，鼓励每个学生成为有责任感、可被信任、被需要的合作伙伴；再者，要量化责任感教育，无论是公共课还是专业课，尽量渗透在所有教程中。在小组结对前，强调责任感培养的学习目标，说明责任感的考评标准，引导学生积极看待责任感；最后，可树立典型榜样，让师生争做有责任

第五章 "双创"人才培养视阈下大学生创业能力的发展探索

感的合作伙伴,定期讨论,分享小组合作中的经验和体会,营造相互关爱的氛围,为创新提供最大支持。

(四)迅速而充分的工程思维

1. 工程思维
(1)技术思维

创新者往往能迅速地拥抱技术,最新一轮的技术革命和创新在过去二十年得到了充分的场景应用,通过技术解决产业链产品创新的痛点、爽点,移动互联网、人工智能、大数据与云技术使得人们生活更加智能,城市更加智慧。十几年前,国内不少城市就已经开始运营公共自行车,那为什么摩拜单车、哈啰单车等还是有了进入市场的机会,因为移动互联网支付解决了想用共享单车但是不方便这"最后一公里"的问题,原先公共自行车多需要到指定地点办理租借卡片,并缴纳押金,不算简单的使用前准备让公共自行车一直处于不冷不热的状态,而摩拜单车等创新公司的创始人借助移动互联网技术所带来的支付的便捷性和共享自行车给短途出行带来的巨大便利释放了公共自行车潜在而巨大的需求,尽管由于自行车投放管理的问题给城市治理带来了不少负面影响,但是共享自行车的创意及其社会应用价值很大,其他共享经济包括共享汽车、共享充电宝、共享房屋、共享医疗等新业态、新模式均得益于各自领域共享技术的应用,使得闲置资源充分利用的广泛需求被激发和满足,摩拜单车和哈啰单车均是在2016年创立,而移动支付广泛普及大约是在2015年左右,可以说是用最新技术应用解决了痛点和爽点的。

创新者应当视大数据技术应用为各类创新的必然选项,所有的创新公司都应视公司数据为重要的资源要素。数据的价值再怎么强调也不为过,通过数据可以发现问题,定量问题,并做好预测和解决方案。以算法为核心技术的新闻客户端今日头条app获得的成功让传媒界目瞪口呆,字节跳动的张一鸣如果用网易新闻、搜狐新闻同样的技术方法,几乎是很难与以上这些大公司同质化竞争的,他另辟蹊径,在获取不同的客户数据之后,通过算法建立人与信息的联系,通过感知、记录用户的行为动作,计算用户的使用规律,经过大数据分析将信息分发和推荐给相应的用户群体，是今日头条在众多新闻类app中崛起的重要原因。技术不仅仅是互联网公司真正的竞争核心所在，在一个被5G、人工智能、云技术、机器人和物联网包围的时代，任何创新之前，都应该设想这样的问题，"有什么技术可以促进当前事物的创新发展"，提升效率和产能，或是带来更好的用户体验，而在一个数据化的世界里，数据思维则是创新者的基本素养。

（2）探索的工科思维

工科是充分运用数学、物理学、化学等基础科学的原理，结合生产实践所积累的技术经验而发展起来的学科，工科思维的精髓所在是解决问题，与日常生活联系较为紧密，直面问题且十分具体，比如修桥架路、工程建设等。工科思维也常常用来系统地解决复杂问题，问题难度越大，参与者的成就感越强，通常工科思维与创造性活动相联系，应用工科思维及所掌握的或观察到的事物、技术及方法想象和重建人类的世界，更多强调的是探索、发现、改进和完善的过程，而不是对已知信息的记忆。

多数工程实验提出理论和假设，进行实验、分析和再验证等，从根本上来看是对反馈和迭代的处理过程，不仅需要工科背景，也需要具备工程建设中的设计思维、数据思维和系统思维等。

2. 训练要点

工程思维的落脚点在"工程"，是以"解决问题"为核心的思维方式，给你一个问题你去找到一个解决方案，不管什么方式，只要能解决问题都是好的，目标指向培养学生解决复杂问题的综合能力和高级思维，特别强调"复合"和"应用"。所谓复合，即动用所有习得的跨学科知识，整合已具备的各项能力和素质，集中力量解决一个问题，是知识、能力、素质的有机结合，且能够理清各种相互作用、相互依存关系的能力，通常是非线性的一种多元视角思考方式，体现了一种系统思考的能力，在课程设置中设计综合性实验和课程模块，往往会助推学生复合型思维的生成；所谓应用，即是建立与现实生活的联系，运用工程思维发现和解决现实生活中的难题，积极参与社会实践，能够大大增强基于社会现实考虑问题的应用型思维，项目式、案例式等教学方式非常适用于培养工科思维。另外，工科思维特别强调假设、

第五章 "双创"人才培养视阈下大学生创业能力的发展探索

验证等一系列流程,强调用数据说话,以事实为依据,对于培养数字素养和实事求是的精神也是大有好处的,所以增加数字化在课程中的融入,用数据分析问题、用数字化手段解决问题也是工科思维培养的常见方式。综上,以问题解决为目的,在教学中注重综合性、应用性、流程性、数字化是工科思维培养过程中的主要关注点。

(五)跨领域的迁移思维

1. 迁移思维

迁移,顾名思义是从一个地方转移到另一个地方,必然会涉及知识、技术、能力或可转移的一切要素在不同时间、不同空间、不同国家、不同产业或个人的跨界、跨领域转移应用。不同时间,比如2000年前的方法在当下或未来的应用;不同空间,比如发达国家的先进技术或创意在中国的应用,也比如中国应对新冠肺炎疫情的经验、疫苗在国外的推广;跨领域,比如行为学、心理学的思维方法在经济学中的应用,便形成了不同于传统经济学视角的行为经济学;比如同行业间苹果公司将诺基亚的触屏技术应用到苹果手机中。当然,这里隐含一个前提条件,就是假如把某种知识(观点)、方法或技术从A领域迁移到B领域,必须熟知该种技术,熟知A领域该种技术应用的优劣势,能够将该种技术联系到B领域,并且能够对B领域是否能运用该技术有一个基本的了解和判断,也就是跨学科视野。

知识和能力的迁移是一种重要的创新思维方法和能力,在富有创造性的公司和个人身上极为多见,最典型的就是特斯拉的创始人马斯克,他也被称为跨界达人,拥有多家公司,同时是SpaceX、特斯拉和太阳城三家公司的CEO。他擅长于将在人工智能、技术、物理和工程领域学到的基本原理迁移到应用领域,物理学背景出身的马斯克,常常将"第一性原理"挂在嘴边,看透事物的本质,要把事物分解成最基本的组成,从源头开始解决问题的思维方式,帮助马斯克建立起强大的思维框架。拼多多的创始人黄峥在思考创业模式时,想的就是如何让公司原有的游戏优势可以与女性市场相结合,女性最大的游戏是什么,是购物的体验,社交电商就是一种考虑女性需求的游戏,成功将游戏技术优势和理念应用到面向女性市场的购物平台,打造了一种创新型的网购模式。

迁移能力往往可以带来两个方面的创新，分别是相似性的模仿创新和结构性的系统创新。模仿创新，即学习成功做法并将之应用于目标领域的方法，腾讯创始人马化腾曾说过，"技术上的成功并不等于商业上的成功。我们不应该重复发明，而是要在其基础上开发性能更好或者价格更低的东西。" 2000 年前后，中国有一批善于迁移学习的互联网公司，QQ、优酷、新浪微博等的产品模式与国外同类产品在最初有较大相似性，但他们通过面向中国市场的产品开发和改良，至今仍是十分活跃的网站和应用软件；另一种创新是迁移后的跨界融合，使原有领域结构化得到拓展和深化，比如数字化技术迁移到旅游行业打造智慧旅游产品和服务，在线互联网技术迁移到教育行业，构建在线教育平台和课程，与模仿创新不同，这种迁移更多带来的是内部资源要素的重构，往往会有全新的产品和模式。

2. 训练要点

跨领域的迁移思维本质上需要的是联想的能力，这里的跨领域包括时间、空间、条件、对象、学科等的跨界。克莱顿·克里斯坦森等在《创新的基因》中提到，如果能积极练习发问、观察、交际和实验，就可以练出善于"联系"的肌肉，因而可以说联系是最需要经常练习的能力。那如何联系呢，除了建立时间、空间、学科等之间的联系纽带，还有一些实用的建议。

一是要以建立与生活实践的联系为突破口，助推学生练就"联系"大脑肌肉。生活是最大最好的案例和项目集，鼓励学生用所学去解释、分析生活中的实例，以问题为导向探究项目，将理论应用于真实的生活场景，解释、分析、评价，无时无刻不习得联系；教师方面，自身也要增加实践经验，去到企业挂职锻炼，考取相关的技术职务等，能够在设计教学活动的时候，有一个丰富的情境假设，企业人员也可以一同参与教学设计，让学生了解企业真实的问题，让学生体验、扮演、沉浸在模拟情境中分析和寻找解决企业问题的思路；通过实验室模拟、校外基地实践，线上线下互动学习，定期组织安排学生参观企业，接触第一线的行业信息，掌握最新动态，学生能够不断完善知识结构和经验，通过接触、分析、尝试解决企业真实的案例（就像硅谷和斯坦福大学）；学生参加实践社团互动，以赛代学，积极鼓励学生参加

第五章 "双创"人才培养视阈下大学生创业能力的发展探索

创新创业大赛、创业计划、挑战杯、实践性强的学科竞赛,通过大量的实习实践营造创新的环境,积累丰富的案例和项目经验,真正地培育创新;最后,还是需要广泛大量地阅读,使得联系能够更广泛而深刻。

二是要重视音乐课、美术课、体育课等美育、体育课程,让左右脑都能发挥出最大潜能。掌控理性思维的左脑通常是为了研究已知的内在规律,而与直觉、情感相关联的右脑则常常左右着探索事物之间微妙的联系。剑桥大学三一学院门口,有一颗不大的苹果树,已经成为著名旅游景点,一个苹果从树上掉下来,普通人可能只是看到了"苹果树上掉下来一个苹果"这样一个事实,而牛顿则将这个苹果的掉落与其他一些信息联系起来,最终发现了万有引力定律。公开数据显示,1665年,牛顿研究了音高、音阶和音色,留下了10页手稿,并且牛顿还首先提出了音乐与色彩的通感理论,算得上是创新者与音乐有关的一个人物案例。据说,爱因斯坦的相对论灵感也来自音乐,他本身也是小提琴爱好者。因而,除了理性思维训练,为了进一步激发人的想象力和创造力,学校要提供和建构更多接触美育课程、体育课程的机会和氛围。

(六)底层的用户思维

1. 用户思维

用户思维在20世纪90年代提出,即要以用户的需求为中心,重点不仅仅是吸引用户的目光和注意力,更重要的是满足用户的实际需求,改善用户的使用体验。克莱顿·克里斯坦森在《创新者的任务》一书中提出了"用户目标达成理论",他认为创新具有较高的可预测性,通过整理已有资料、市场调研等方式获取更多的用户需求信息,而不是靠运气,反映出他较认同面向用户的创新有较大可能成功或是显现价值和作用。

用户思维往往是一家公司产品经理的底层思维,以围绕着老百姓的衣食住行举例,电商解决了现阶段对"衣"的需求,外卖领域的美团、饿了么等在"食"的领域打通了"最后一公里",Airbnb满足了短期租用房屋的需求,Uber、滴滴、共享单车让"出行"更为便利。游戏起家的网易公司凭借严选品质的产品和服务在不同的细分市场和领域不断产品创新,网易新闻客户端和网易手机游戏满足移动互联网时代的用户需求，为用户探索安全和高质量的农业食品建了网易养猪场，为消费者扩大收听的广度和泛度开发了网易云音乐，网易考拉海购和网易严选是满足消费升级下老百姓对国外和国内商品的需求，作为中国领先的互联网技术公司，在网易数次开拓的业务线中也可以看出中国消费者的需求动向。

用户思维不仅局限于产品设计、研发和营销等各个商业领域，它也适用于政府治理、教育教学、社会公益等生活的多个维度，以及沟通、交流、合作、展示、调研等多个应用场景。政府治理方面，2017年，《人民日报》刊登过一篇文章，题为《政府网站要有用户思维》，以四川茂县山体高位垮塌后，政府在第一时间用图文并茂、及时发布、滚动报道的形式对社会的关切有求必应为例；2016年，浙江提出"最多跑一次"的政务实践创新，在提升效能的同时，赢得了群众了良好口碑。教育教学方面，全球各级各类学校都在探索"以学生为中心"的教育理念，学生是教育教学产品的用户，学生成长是教育的目的，不仅需要知识增长，更需要精神成长，教育部近年正全面推进"立德树人"的思政课程。

而在日常工作生活领域，也常常需要用户思维，《非暴力沟通》一书在很多国家和组织里都产生了强烈反响，著名沟通四要素中排在前面的观察和体会其实就是了解沟通对象的沟通需求。因而，可以说，用户思维应用场景无处不在。

2. 训练要点

用户思维，顾名思义是以用户视角看待问题的思维方式，其目标就是尽可能满足用户的需求并达成用户目标，从用户兴趣点、困难点、利益点出发，在某一特定或不指定场景下根据不同用户的关注点，提供相应的解决方案。比如，金融专业的学生学习，第一，要想清楚未来的发展方向，是国内考研，出国，还是选择工作；第二，选定方向以后，对方的要求是什么，比如国内考研，目标学校的录取要求有哪些，笔试多少分数和排名能够进入下一轮面试，对个人素质的要求是哪些；第三，围绕着这些目标，这些目标其实是你的"用户"向你提出的，当你达成和谐目标时，"用户"就会选择你，出国、工作也是同样的思路。所以，用户思维大致可以总结成这么一个过程，明确对象用户，分析用户需求（兴趣点、困难点、利益点等），连接相应用户，提出匹配相应用户的解决方案，不断地实验和迭代开发，提升用户体验，完善解决方案。

二、大学生创新精神及其训练要点

创新者除了要具备洞察思维、问题思维、时代协同思维、工科思维、技术思维、跨领域的迁移思维、用户思维等创新思维，可基本界定为智力因素以外，非智力因素，即是否具有创新精神或企业家精神往往是创新能否产生并成为一种创新实践的关键。美国积极心理学家米哈尔·希斯赞森米哈里伊对几十位卓越的创新实践者和十几位诺贝尔奖得主深入访谈之后，发现创造力人才有10种复合型特质，分别是精力旺盛但懂得劳逸结合，聪明且保有天真，爱玩但有纪律原则，能够在想象、幻想和现实中自由转换，有时内向有时外向，谦逊而又骄傲，男性比同类男性更敏感，女性比同类女性更坚强，反叛而又独立，热情但客观，坦率但敏感。

创新者们展露出的创新精神主要表现为超凡的勇气、敢于冒险的精神、强烈的好奇心、极强的执行力、非同寻常的专注力和竭尽全力的勤奋和努力。尽管这些特质并不是在同一个企业家或者创新实践者上体现，如果具备上述的创新思维加之任何一种创新精神叠加都能有超强的创新能力，如"问题思维+执行力"能帮助企业或组织尽快处理和解决问题，"工科思维+冒险精神"往往能引发新的设计、程序或建造作品出现，"迁移思维+好奇心"往往会产生融合创新或者系统性创新，"用户思维+专注力"很有可能造就隐形冠军，任何思维与勤奋和努力相结合当然成功的概率也会大一些，以上仅仅只是创新思维和创新精神"1+1"的叠加，如果是"1+N"或是"N+1"，或是"N+N"，即具备多种创新思维的能力和具有丰富的创新人格，比如49岁的埃隆·马斯克，几乎具备以上列举的所有创新思维和创新精神，那么他同时创办多家极富影响力的创新企业也就不足为奇了。

勇气是敢于行动的勇敢和毫不畏惧的气魄，当创新者拥有了勇气，也就迈出了创新的第一步，创新不仅要向外探索，也要向内探寻，正如苹果创始人乔布斯所说，要有勇气去倾听内心和直觉的指引，勇气意味着能够拒绝默认选项。创新创业是需要勇气的，因为创新往往意味着与他人的与众不同甚至颠覆，无数次内心的彷徨，面临选择时的痛苦，有时也有家人朋友的不理解和指责。缺乏勇气往往会使企业陷入窘境，柯达发明数码相机技术，却因为考虑短期市场占有率和利润，没有勇气自我革新，走上了破产的命运。诺基亚发明了触屏技术，也没有勇气在手机领域自我转型升级，也失去了原有的行业地位，两者都是具备创新思维，即专业实力和基础，恰恰是因为缺乏挑战自我、从零开始的勇气，错失了最佳的市场风口和时机，在原有领域被时代所淘汰。

勇气往往是对梦想或内心世界的回应，为创新行为带来一种强大的内驱力。2020年，中国吉利汽车旗下沃尔沃的全球销量相比2010年翻了一番，中国地区的销量也是原来的5倍，是跨国并购中人和技术实现充分融合的重要体现，而这场跨国并购就是吉利并购沃尔沃。2007年，李书福第一次去美国底特律谈判的时候，遭到福特高层的明确反对。在数年后的一次访谈中，李书福解释，早在收购的8年前，吉利基于对国内外形势和格局的判断做好了未来收购的部署，尽管遭到内部不少人的反对，但是内心对自由参与汽车工业的全过程，参与研发、销售等自己造车的向往驱使他即使排在国内第10位，但仍然有敢于收购沃尔沃的勇气。李书福曾对一位中央领导人说，能不能给我一个失败的机会，这份勇气背后是执着，是坚定，也是中国汽车工业美好的信心。

（一）冒险精神

1. 冒险精神分析

冒险精神与勇气有较大联系，有冒险精神的人也一定是有勇气的人，比之勇气，冒险精神似乎更多了一点风险，如果说勇气更多的是需要尝试，那冒险更意味着挑战和机会。冒险往往是从0到1的探索，由大到小，从国家、企业到个人都适用。向外探索海上世界的冒险精神，让英国真正成为海上霸主；打造火星人类基地的马斯克，仅凭SpaceX公司构建全球星联网，让地球

第五章 "双创"人才培养视阈下大学生创业能力的发展探索

上的任何一个地方都能接通互联网；1995年的一个晚上，一个大学英语老师邀请了自己的几位朋友到家里，向他们表示他要辞职创业，遭到了大家的反对，劝他不要涉及他们听也听不懂的互联网，但是马云最后还是毅然辞掉教师的"铁饭碗"，从中国黄页开始实现他"让天下没有难做的生意"的梦想，对于一般人这在当时绝对是一种极其冒险的行为，但对于在创业前期的企业家而言，这无非是将按捺不住的热情和梦想付诸实践罢了。

冒险精神是让创新者找到自己的多个可能性，其本身也是一种创新，既然称之为冒险，少有前人的参考经验可以直接参考，或者如同不"冒险"吃一下榴莲不知榴莲的真正滋味，不吃一下螃蟹也无法知其美味。青年钢琴家郎朗在一次面对小学生的公开课中谈及，"我不希望自己固定在某一种风格里面，我们还是不要给一个固定的模式，一定要什么都试一下，试完我们才能知道到底有没有这种可能。如果你自己都不相信自己，都听别人说你就只能弹这个，那你什么都弹不了。"对未知世界的恐惧是人的本能，冒险精神算得上在尝试创新时对抗畏惧和胆怯的武器。与马斯克相似，英国维珍公司的创始人布兰森也是一位冒险家，他常常坐着热气球环游世界，挑战极限，他说每次的冒险尝试增加了他从事商业的乐趣，学会如何更好地变革商业。

2. 训练要点

冒险精神、游戏精神是创新突破和持续的动力。挑战和试错是创新的基本路径，最终的落脚点主要还是在课堂。一是要在传统的课程中落实冒险精神、游戏精神的培养，课程在人才培养中的作用之一就是精神的培育，包括挑战、冒险、竞争、自我拓展等；二是探索开发培养冒险精神的课程，学校可根据学校场地情况，选择适合的项目，或与当地校外拓展基地合作，在保证安全的情况下，让学生得到真正的体验和锻炼；三是在实验实践类课程中强调试错精神的可贵。特别是实验课程，往往带有试探体验性质，如果学生能在实验过程中不怕犯错，敢于用不同的方法尝试甚至是新的方法去实现实验目的，本身就是自我迭代更新，是一种勇于创新的表现。笔者所在高校的实践课程达到48个学分，已占到总学时的30%，并且分布于每个学期，循序渐进地在实践课程中积聚试错、冒险的经验，将为创新打下扎实的基础。

表5-1 评价课堂是否有利于培养冒险精神

评估工具	指标
教学目标	是否涉及冒险、挑战、自我拓展
教学过程	是否鼓励质疑、试错、挑战，并且对错误较为宽容
学生作品、作业	是否鼓励与众不同、天马行空，鼓励超出日常的答案

（二）好奇心

1. 好奇心分析

好奇心与问题意识紧密相关，一方面，企业创新者是为了自身的好奇心而探索更好的解决方案，另一方面，企业也需要满足用户的好奇心，这是推动创新发展的源动力。北京十一学校的历史名师魏勇老师有一次到美国交流访问，在访问当地的一所公立学校，听了各个领域12次课后，魏老师发现，如果完全按照知识目标达成度去评价，几乎所有课的老师在知识容量和落实上都很少，但是课堂参与和学习兴趣的调动是国内大多数课堂远不能企及的。很明显，课堂活跃的背后是对学习好奇心的充分唤醒，从长远看，有人引导带路的学校教育毕竟不可能贯穿人的一生，更多的是需要学生对学习、对生活永葆探索的好奇心，从而就有了持续学习的动力，不断追求自我超越的学习习惯。

有好奇心的创新者永不停歇。财经自媒体人吴晓波曾问网易创始人丁磊一个问题："你为什么不坚持在游戏领域里，不断做得更好，而会涉及电商、养猪等其他领域"，丁磊的回答十分坦率，"你有这个兴趣爱好，你总不能把它按下去"。每个人或多或少都会有疑问和好奇，有的人想过就算了，而有创新精神的创新者会一直追问和探究下去，直到找到暂时满足的答案。如果算得上是商业好奇心，那么付诸实践的解决方案本质上就是一种创业行为。2020年，盲盒市场大热，购买盲盒除了享受收集的乐趣外，开启盲盒一瞬间也是对自身好奇与期待的一种满足，这是一种有关好奇心的商业创新。

第五章 "双创"人才培养视阈下大学生创业能力的发展探索

2. 训练要点

好奇心是对未知事物的探索倾向，是一切创新的起点。除了实施一些教学策略以外，鼓励和保护好奇心指向关注个体发展的真实需求，开展"以学生为中心"的个性化教育和实行导师制等方式是现阶段大学保护好奇心的重要选择，它不是传统教育模式的补充，而是日常教育的重要组成。特别是在"互联网+大数据+教育"时代下，教育部积极推进在线开放课程建设，鼓励师生用好各个线上平台，努力提高教学效果。

线上平台的使用，留下了大量的学生学习行为数据，可供教师总结和分析每个学生的关注点、特长，形成学生画像，以便于采取一些助推学生好奇心激发的有效措施。另外，探索推行导师制度是重要的尝试和实践，比如对每个导师的性格、特长、科研方向等做一个分组，老师与学生双向选择，尽量让每个学生都有自己的导师甚至导师组，并且可针对学生产生的相应问题或需求，及时给予帮助解决。大数据和导师制都是为了挖掘学生的兴趣，帮助学生找寻自己，定位自己，规划自己，尽早发现创新点，以点带面挖掘创新力。

表5-2 评价课堂是否有利于培养好奇心环境参考

评估工具	指标
教学目标	是否能够激发好奇心和求知欲
教学过程	是否鼓励倾听、表达、提问、质疑、挑战……
学生作品、作业	是否认为任何答案都是有趣的，学生是否对学习有疑问

（三）执行力

1. 执行力分析

执行力强调执行合一，这里的执行力强调的更多的是制订目标后创新计划、构想或是项目落地的能力，执行力是说到就做，让创新免于空谈，这背后还包括面对阻挠的积极果敢、判断力，敏锐的反应和及时的纠错能力。马云在与众好友说了互联网计划的第二天就向学校提交了辞职申请；吉利汽车在沃尔沃出售时积极参与竞标,践行着几年前让中国汽车产业改变世界汽车工业格局的构想;相比于其他几种创新精神,执行力的考量相对来说更容易些,它更多的是看行动是否达到了预期的目标,创新方向正确,要狠抓执行,走错了方向则需要及时调整。总而言之,可以说执行力让创新企业和企业家有了"梦想照进现实"的可能。

2. 训练要点

执行力,简单来说指的是贯彻战略意图、完成预定目标的能力,关键在于确定目标后,设计达成目标的方案并且能够做到切实履行,没有执行力,创新就不可能推进和落地,高质量人才培养的关键在于目标与路径的达成度和完成度,且往往建立在推崇创新的理念之上。培养和提高执行力,非常适合师生配合共同提升,可以从以下几方面着手。第一,建立起"完成度"的意识,执行的意愿与态度是执行力实施的动力,要建立成果导向的文化,这需要师生共同努力,比如一起建立课程学习目标完成清单,摆脱焦虑,建立自信等。其次,执行力要跟得上创新的意识,执行的能力是执行力基础,学习如何制订合理的计划并改进执行方案和方法,学习时间管理、精力管理以持续提高执行力,比如利用PDCA循环法(即plan计划、do执行、check检查、act处理)持续推进工作,学习如何抗干扰远离手机,反思过于追求完美的拖延等。最后是重视执行系统的明确和清晰度,比如可检查项目实施过程是否兼顾系统性、流程化、明晰化、操作化,任务难度和完成时间是否安排得当,通过可视化、可量化系统提升执行力。

(四)专注力

1. 专注力

无论是企业还是个人都要有定力,当所具备的时间、金钱、情感等资源投入都是有限度的时候,意味着需要合理地分配注意力以确保在核心竞争力上有最大程度的积累,这对创新活动的成败和效果影响较大。截至2021年3月,全球最大的汽车玻璃制造商福耀玻璃市值为将近900亿,它在中国国内市场占有率在70%左右,在全球占有率也超过20%,"如同看书喜欢把一本

第五章 "双创"人才培养视阈下大学生创业能力的发展探索

书翻烂、吃透一样，我对玻璃情有独钟。"创始人曹德旺如是说。不随波逐流，三十年只做一块玻璃，精益求精，有匠心是福耀的核心价值理念。2020年年末，福耀对外公告了一项专利——一种"加热车窗玻璃"，该专利摘要显示"本加热车窗玻璃的优点在于能够稳定地接收信号，在加热的时候玻璃加热区域的温差较小，而且能够同步对雨刮器静止位置进行加热"，而这个专利只是福耀在匠心之路上的惊鸿一瞥，如果说勇气和冒险让创新有了机会和可能，专注力则是帮助创新企业走向专精特新、隐形冠军的关键所在。因而，创新企业和企业家也都需要专注力。[①]

2. 训练要点

专注力也意味着深度思考、学习和工作的能力，尽早掌握这项能力在大学生毕业后的工作中极为有利。在碎片化信息爆炸的当下，在竞争激烈的高阶领域，决胜的关键不仅在于知识的多寡、勤奋的程度，更在于是否具备深度思考的能力，通过专注力用深度思考链连接一切，是未来最有价值的认知升级与自我精进的模式，是最具竞争力的优势。

没效率的任务往往会降低办事情的能力，专注力本质上是一种精力管理，可以作为职业素养相关的课程让学生选修学习。同时，授课教师、班主任有意识地将专注力训练加入课堂教学和学生发展培养的过程中。培养专注力大致分为以下三个步骤：第一，找到专注的目标，比如王同学先按重要程度排序，找到"在大四的时候拿到ACCA的证书"是她大学期间最重要的目标；第二，根据二八定律，将80%的精力尽量都投入这一个重要目标中，并限定好完成时间，有意识地从时间的角度迫使自己进入学习状态，尽量拒绝一切与目标无关、意义不大并且消耗时间精力的任务；第三，围绕目标设定的完成步骤尽量做可度量细化。还是以上述案例举例，为了大四能拿到ACCA证书，现在据考试还有多少个月，或者多少天，每天完成多少个考题测试或单词记忆，定的目标应是只要努力基本是可以实现的，一定要引入截止时间，在最初设定目标后就将目标细分，并标明好完成时间，等等。还有

[①] 王庆洲. 大学生创业与就业指导[M]. 天津：天津科学技术出版社，2019.

一些方法也很管用，比如调整好生物钟，使自身有充足的精力可以持续投入；还有就是要注重反馈，复盘自己的行为，看看自己是否聚焦和专注。

（五）勤奋和努力

1. 勤奋和努力

长久的创新是需要持续经营和倾情投入的。苹果公司的CEO蒂姆·库克坚持每天4点起床的作息习惯一直广为流传，2021年年初，在一次与中国网友的对话中得到证实，他解释是为了有健身时间以保持精力充沛。马斯克说特斯拉要想生存下去，长时间工作是必要的，在他看来一周80小时的工作时间是可持续的，在特斯拉增产的时候，他曾经每周工作120个小时，也就是大约每周平均每天工作近17小时。美团的王兴在创业初期，每周工作超过100个小时，字节跳动的张一鸣刚进入职场时基本上每天都是半夜才回家，回家后还继续编程到很晚，并且还时常帮助其他部门的同事，在工作中投入了大量的热情和精力。

在信息全球化而又重视知识产权的今天，独一无二的创意要落地，有时堪称与时间赛跑，创新企业只能一刻不停地高效工作，尽可能保持市场地位和占有率。比如，苹果公司每年秋季都会有包括iPhone在内的新品发布会，这背后是产品、技术、营销等团队几个月甚至几年几十年的持续努力。在全球带薪假期最多的八个国家中，前七位都是欧洲国家，在近几年全球创新公司排行榜前10位的第一梯队中，很难看到欧洲国家的身影，这与欧洲在高福利制度下过于注重假期和个人享受，民众工作的热情和斗志不强不无关系。当然，连轴转且毫无作息的工作并不是创新者的最佳选择，万科创始人王石曾在一次论坛里分享在以色列希伯来大学访问期间的感受，他总结重视"休闲"时间用以思考和寻找灵感是以色列善于创新的原因之一。因而，创新强调的勤奋和努力不是指无休止的工作，更不提倡牺牲个人健康、家庭成为工作"狂人"，而是强调把握时机及倾情投入的认真态度。

特别要指出的是，低水平的勤奋很有可能收效甚微。经典的案例是1979年中美正式建交后，中美代表团进行了文化交流和访问，访问之后的两国代表团十分看好勤奋努力的中国小学生，认为他们在成人之后一定会超越美国的同龄人。如今这批小学生都年近半百，也已成为各自国家的中坚力量，然而美国在科技领域仍然领先于中国，可见四十年前中国小学生的勤奋、努力、刻苦并不一定是评价创新人才和教育质量的必要标准，根据2018—2020年世界科学家们在Cell、Nature和Science三家权威杂志发表的原创论文数量，美国科学家的成果领先于中国科学家。

表5-3 2018—2020年中、德、英、美四国在CNS杂志上发表的论文数量

国家	年份		
	2018年	2019年	2020年（截至10月）
中国	431	425	474
德国	557	588	499
英国	680	684	647
美国	2588	2577	2191

数据来源：根据公开资料整理

2. 训练要点

"天才"是训练的产物，要成为大师其实是有路径可循的，那就是刻意练习。心理学家和科学家安德斯·艾利克森与罗伯特·普在他们的畅销书《刻意练习》里告诉世人一个道理，我们平时如能运用刻意练习的原则，必将能跨越障碍，达到我们自己的目标。一万小时定律正是这种找准目标加坚持努力后最终突破的定律。历史上有意识创新的重大发明，很多都是在无数次实验失败之后，最终获得成功并能够有发明创新，在无数次练习中，发现事物的规律，因而勤奋和努力是许多场景中创新发生的前提。

这种创新能力培育基本有几个特点，一是发生在舒适区外，有一定难度，需要付出大量时间和精力才有可能成功，在教学中老师可以设定有一定工作量和难度的作业，以助推学生通过努力能够完成，这也能给学生增加成就感、自信心，激发出创新的热情，并深刻体会勤奋和努力的回报；二是不带有目的性的、低效无意义的勤奋和努力，不但不会带来成功，反而会消磨

意志，迷失方向，逐渐丧失信息，因而找准方向是勤奋和努力的准备工作；三是及时跟踪反馈，复盘成果与目标的达成度，比如制订"to do list"，每次努力之后，根据效果来衡量与目标之间的差距，帮助找到突破口和方向，以确保努力的价值和可持续性。

表5-4 评价课堂是否有利于引导学生勤奋和努力参考

评估工具	指标
教学目标	是否有清晰、明确且具体的任务和目标认识
教学过程	是否引导学生把注意力集中在学习任务上；是否刻意练习
学生作品、作业	教师是否给予及时准确的反馈，是否不在舒适区

第三节 大学生创业计划的制订

创业计划又叫"商业计划"（business plan），是一无所有的创业者就某一项具有市场前景的新产品或服务向风险投资家游说以取得风险投资的商业可行性报告。那么，大学生该怎样参加创业计划大赛并应做哪些准备呢？我们认为，大学生在接受了学业知识、具有一定的研究能力和创业意识的基础上，每一个人都具有参加创业计划大赛的能力，可能成功，也可能不成功，但创业计划大赛所为我们提供的这种作用令我们获得更为深刻的创业体验，因此，参加创业计划大赛必须熟悉和掌握创业计划的组成，组建优势互补的创业团队，筹措一定数额的创业资金，了解并掌握相关的法律常识。

一、创业计划的内容

好的创业计划书有两个看似矛盾的关键要素,一是要有创意,二是要有可行性。创意好的创业计划能够引起风险投资者的投资兴趣,而"可行性"往往成为阻碍投资者选择创业项目的主要因素。创业计划包括的主要内容如下。

（1）目标市场的确定。
（2）资金使用及筹资计划。
（3）企业注册疏通计划。
（4）场地选择及装修计划。
（5）设备购置计划。
（6）人员招聘及培训计划。
（7）营销宣传计划。
（8）质量管理制度的建立。
（9）财务管理制度的建立。

尽管创业者选择的行业不同,主客观条件不同,其进程会有所差异,但创业的意识、创业者的基本素质及社会的要求是一致的。只有走出第一步,才可能有享受成功喜悦的机会。

二、创业计划大赛的程序

高校的创业计划大赛一般由学生处、科研处、教务处、团委、学生会等共同发起和组织,其基本程序是：

（1）大学生要在接受一般创业教育的基础上,明确创业的含义及意义,自觉培养创新意识和创新能力,积极参加创业实践。

（2）报名参赛的学生要积极参加主办者举行的专题辅导和答疑,使学生进一步明确参加竞赛的宗旨和内容,了解竞赛的程序和要求。以科学的精神和严谨的态度认真设计创业计划。

（3）举办大学生创业论坛；通过演讲、答辩、初审，对创业计划的科学性、风险性、可行性进行评议，启发大学生的创造性思维。

（4）由学校和企业界的专家组成的评委会对参赛的创业计划进行认真评审，对团体组织和单项计划进行奖励并颁发证书。评审结果向社会公布，对优异成果和具有市场前景的可行性项目向有关企业或部门推荐或与风险投资公司洽谈，以使优异的创业计划得以实施。

三、创业资金的来源

创业是一项开创性的事业，一个创业项目具有市场前景必然会为社会创造巨大的价值。在大学生兴致勃勃投身于创业活动的时候，一个重要的问题会令许多大学生望而却步，那就是资金。如何筹集创业资金，我们结合国内外大学生创业的实践提出以下资金筹措方式。

（一）自筹资金

对于创业的大学生来说，需要的资金数目可观，自筹资金满足创业的需要对一般的学生而言，是一件十分困难的事。但作为一种筹措资金的渠道仍需我们予以关注。

清华大学"视美乐"创业团队中的邱虹云、王科、慕岩、杨锦方四名同学，在清华第二届创业计划竞赛上崭露头角，四名同学凑足了50万元启动资金，注册了自己的视美乐科技发展有限公司。这50万元均是他们课余打工挣来的，公司这块蛋糕越做越大，在清华兴业投资公司的撮合下，成功融入了"上海一百"5250万元的巨额风险金，使艰难启航的创业之舟得以乘风破浪，远渡重洋。

自筹资金时，还可以向亲朋好友、父母借支一部分资金或向银行申请贷款以解燃眉之急。

（二）风险投资

风险投资，又称创业投资，是指投资者出资协助没有资金的创业者创业并承担创业阶段的失败风险。风险投资同其他投资一样，目的也是追求资本的增值，只是投资方式不同，风险投资主要选择处于创业阶段、预计有高回报的企业进行投资——由于现代经济中极具发展潜力的企业大部分为那些吸取高技术的中小企业，因此风险投资就与高新技术产业的发展具有一种天然的联系。

风险投资兴起于第二次世界大战后，发源于美国波士顿。风险投资和高技术产业的创业者是一块成长的，苹果公司、英特尔公司、微软公司……一批享誉全球的巨型高技术产业都是由一文不名的创业者借助风险投资起家的。

1999年10月底，美国国际数据集团（IDG）下属的太平洋中国基金与中国科技部签署一份备忘录，决定在7年内起用10亿美元风险投资基金，扶持中国中小型高技术产业。

国际风险投资基金进入中国已有6年里程，但"风险投资"的概念逐渐为国人关注，还是知识经济时代到来之时。在这一时代，知识与资本的融合便成为知识经济的典型特征。简而言之，只要你是"智慧型人才"就会有人给你投资，鼓励你创业。同时，由于投资者是把人作为投资对象，并非厂房设备，而人具有很大的灵活性，所以投资者的风险也很大，故称"风险投资"。

随着市场经济的建立与完善，风险投资也在日益升温，搜狐公司即是中国企业成功利用风险投资的经典之作。华中理工大学新闻专业三年级女学生李玲玲依靠她的2项发明专利注册了属于自己的武汉天行健科技发展有限公司。她注册的10万元资金不是自己挣的，也不是父母资助的，而是由武汉世博投资公司资助的，她因此而成为全国第一位接受风险投资的在校大学生。

在当今美国，20%~30%的风险投资是血本无归的，加上没有收益或收益甚微的将达到50%~60%。而据国际风险投资者的评价，在中国进行风险投资，70%的企业会有丰厚的回报，这说明中国的风险投资比美国的风险小。

也正因为风险投资的失败概率很大，因此风险投资将资金分散以化解风险，这就恰好适合中小型高技术企业，因为这些企业的运作方式不需要投资厂房设备，也就没有大资本的需要，所以风险投资成为知识经济时代最显著的融资渠道。

风险投资者不在投资的公司控股，例如：他们为搜狐公司提供100万美元的风险投资，却只占公司20%的股份，也就是说，风险投资给你知识起动资金，你的高回报将来自自己的创造，你成功他们也成功了。

大学生的创业趋势正在引起社会各界，特别是风险投资家的关注，而且已有越来越多的学生创业计划获得了创业风险投资。

只要你拥有高新技术和一支人才队伍，风险投资家就会帮助你叩响创业之门。

第四节　大学生创业的启动流程

一、创业资金的筹集

大学生创业先要有一定的资金，才可能开展自己的经营活动。应该如何筹集到自己开业所需要的本钱，筹集资金时应遵循什么原则，这些都是创业启动时必须考虑的问题。

（一）启动资金的预算

创业者对市场有一定的分析和了解并确定自己产品的市场状况良好后，下一步要做的一项非常重要的工作，就是要确定开办企业必须购买的物资和必要的开支，并测算其他总费用，这些费用就是启动资金。[①]

启动资金分为固定资金和流动资金两部分，主要用来支付场地（土地和建筑）、办公家具和设备、机器、原材料和商品库存、营业执照和许可证、开业前广告和促销、工资、水电费和电话费等费用。这些支出可归为两类：

1. 固定资产

固定资产是指企业购买的价值较高、使用寿命较长的东西，如使用期超过一年的房屋、建筑物、机器、机械、运输工具，以及其他与生产经营有关的设备、器具和工具等。不同的企业所需的固定资产不同，有的企业用很少的投资就能开办，而有的却需要大量的投资才能启动。在创办企业时应尽可能把必要的投资做到最低限度，让企业少承担风险。当然，每个企业开办时总会需要一些投资。

2. 流动资金

流动资金是指项目投产后为进行正常的生产运营，用于购买原材料、燃料、工资及其他经营费用等所必不可少的周转资金。

（二）创业资金的筹集路径

一般来说，大学生创办的企业，因为规模小，经营风险大，企业存在不稳定性因素，与大企业相比，在资金筹措能力上有明显的差距。且不说它很

[①] 魏发辰. 创新创业与就业导论[M]. 北京：北京交通大学出版社，2019.

少有可能通过发行股票和公司债券来融资，就是从商业银行贷款也往往面临种种苛刻的条件。所以，客观地说，大学生创办企业时，会遇到资金来源窄、筹措范围小、筹资类型少、筹资能力弱等现实问题。不过，也不要因此而灰心丧气，办法总比困难多。天无绝人之路，只要开动脑筋，善于学习，广开思路，就会找到许多巧妙而非常有效的筹资方法，实现自己创业的梦想。看看以下几种方式，尝试用一用，说不定有一种适合你。

1. 积极参与创业大赛争取获得投资基金的资助

创业大赛是培养学生创造性、创新性意识，完善学生的知识结构，培养学生的团队精神的一个载体。另外，通过参加创业大赛，创业者还有机会得到投资基金的青睐，获取创业启动及运营资金。

近年来，响应李克强总理提出的"大众创业、万众创新"的号召，大学生创业又进入一波新的高潮，高校、省市、全国也开展了各种类型的大学生创业比赛。

（1）创业大赛介绍

"挑战杯"中国大学生创业计划竞赛，是国内最早开展的大学生创业计划大赛项目。为适应大学生创业发展的形势需要，在原有"挑战杯"中国大学生创业计划竞赛的基础上，2014年新增了创业实践挑战赛、公益创业赛，此三项主体赛事共同构成"创青春"全国大学生创业大赛。该项比赛每两年举办一届，成为影响较大的大学生创业比赛项目。

"互联网+"大学生创新创业大赛是在互联网环境下举办的又一个大学生创业比赛。2015年举办了首届比赛，该项比赛每年举办一届，比赛内容不断完善。2017年的比赛组别分为创意组、初创组、成长组、就业创业组，参赛类别有互联网+现代农业、互联网+信息技术服务、互联网+商务服务、互联网+制造业、互联网+公益创业、互联网+文化创意服务六大类。

（2）寻求融资路径

创业大赛是搭建大学生与投资、金融机构之间信息交流的桥梁，可以为优秀创业计划提供更多的增值服务。通常创业大赛的评审专家团都有创投公司、金融机构的专业人士，他们对创业项目的创新价值、市场前景和发展规划等方面进行分析点评，最终也会选择一些感兴趣的项目进行投资。仅

第五章 "双创"人才培养视阈下大学生创业能力的发展探索

以第八届"挑战杯"为例,有12项科技成果签署了转让合同,转让金额高达2099.6万元,其中来自清华大学的项目——高性能网络连接磁盘矩阵储存器,被北京东方睿智科技发展有限公司接受,产品的转让费达到800万。

2. 加盟大公司的连锁经营

在寻找加盟的公司时,加盟者也要分辨优劣,审慎选择。

(1) 加盟品牌的独特性

市场竞争激烈,行业中类同品牌就没有什么竞争力。所以,创业者要选择的加盟品牌,就要具有品牌的独特性。如近年来迅速发展的"名创优品",其产品是由日本知名设计师设计,商店选址在每个城市的繁华商业区,店内设计独特,产品质优价廉。

(2) 加盟品牌企业服务的差异性

当今服务已经成为企业之间竞争的焦点,优质的服务能带来忠诚度高的客户。创业者在加盟时,要考察公司的服务营销策略能否通过服务带来更多的消费客户。

(3) 加盟品牌企业的经验及规模

创业者寻找的加盟品牌企业,最好具有一定开店经验,且连锁店数达一定规模或有发展至少五年以上的总部,有竞争力的连锁品牌比较有经营保障。

3. 争取政策性扶持资金

作为调节产业导向的有效手段,各地政府部门每年都会拿出一些扶持资金。创业者要及时了解国家的相关政策,争取到政策性扶持资金。

(1) 扶持资金政策

2015年山东省为加快破除制约创新的思想障碍和制度藩篱,营造大众创业、万众创新的政策环境和制度环境,出台了《关于深入实施创新驱动发展战略的意见》,从多个层面激发全社会的创新活力和创造潜能:大学生自主创业、创办符合条件的小微企业,可分别享受最高额度10万元、300万元的创业担保贷款;大学毕业生创办的小微企业,对月销售额不超过3万元的,暂免征收增值税和营业税;对年应纳税所得额不高于20万元的小微企业,其所得按50%计入应纳税所得额，按20%的税率缴纳企业所得税；在电商平台开办网店符合条件的，享受创业担保贷款和贴息。

2016年为支持和鼓励山东在校大学生创业创新开展了资金帮扶项目，优秀在校大学生创业者（团队）可申请2万～4万元的无息创业贷款，使用时间为1年。高校作为申请主体，可直接向山东省青年创业就业基金会提出额度为20万～50万的资金申请。同时，为申请资金的创业大学生配备一名创业导师，对大学生创业过程进行跟踪指导，并通过定期开展创业沙龙、创业辅导、项目路演等活动，加强他们之间的学习交流，加强链条式帮扶，提高项目成功率，切实发挥资金的扶持作用。

（2）创业基地减免租政策

创业离不开理想的场所，而创业之初的很大一笔投资是用来支付房租的。因此，只要能转换一下脑筋，想办法获得一处免费的创业场所，那就相当于得到了一笔可观的创业资金。

各地政府为了营造创业环境，各地建设的创业孵化中心都提供了免费或租金低廉的场所。如对于毕业五年内、全日制专科以上学历的普通高等学校毕业生，均可申请入驻青岛市大学生创业孵化基地，可享受第一年房租减免100%、第二年减免50%、第三年减免30%的房租优惠政策。

4. 银行贷款

银行是专门经营货币信用的特殊企业，它以一定的成本聚集了大量储户的巨额资金，然后运用这些资金赚取利润。银行除一部分用于投资外，大部分都用于发放贷款。银行就像一个资金"蓄水池"，随时准备向符合其条件的企业提供它们所需要的各种期限和数额的贷款。创业者可以考虑以下贷款形式。

（1）创业贷款

创业贷款是指具有一定生产经营能力或已经从事生产经营活动的个人，因创业或再创业提出资金需求申请，经银行认可有效担保后而发放的一种专项贷款。符合条件的借款人，根据个人的经营状况和偿还能力，最高可获得单笔50万元的贷款支持。

（2）抵押贷款

对于需要创业的人来说，可以灵活地将个人消费贷款用于创业。抵押贷款金额一般不超过抵押物评估价的70%，贷款最高限额为30万元。如果创业需要购置沿街商业房，可以把其作为抵押物，向银行申请商用房贷款。

（3）质押贷款

除了存单可以质押外，以国库券、保险公司保单等凭证也可以轻松得到个人贷款。

（4）保证贷款

如果没有存单、国债，也没有保单，但你的配偶或父母有一份较好的工作，有稳定的收入，这也是绝好的信贷资源。

了解了几种贷款渠道，还要了解银行的审批流程。银行往往会对借款人进行充分的了解，以降低放贷风险。

5. 寻找风险投资

风险投资（venture capital）对大学生来说并不陌生，在近些年也算是大学校园内的一个流行词。风险投资是一种以高风险、高回报为特点的产业，对于创业者来说，风险投资是一种昂贵且珍贵的资金来源。风险投资家既是投资者又是经营者。风险投资家在向风险企业投资后，便加入企业的经营管理。也就是说，风险投资家为风险企业提供的不仅仅是资金，更重要的是专业特长和管理经验。然而，风险投资终将从企业退出，它的目的不是占有企业，而是在这个过程中找到它的利益。

客观地说，绝大多数风险投资商对大学生项目持谨慎态度，不会轻易出手。要想说动投资商，不能只有脑子里的几点想法和对方空谈，必须拿出实实在在的证据来证明你的项目是有可行性的，是有市场前景的。

（1）风险投资的主要特征

投资对象多为处于创业期（start-up）的中小型企业，而且多为高新技术企业；

投资期限至少为3年，投资方式一般为股权投资，通常占被投资企业30%左右股权，而不要求控股权，也不需要任何担保或抵押；

投资决策建立在高度专业化和程序化的基础之上；

风险投资人一般积极参与被投资企业的经营管理，提供增值服务；

由于投资目的是追求超额回报，当被投资企业增值后，风险投资人会通过上市、收购兼并或其他股权转让方式撤出资本，实现增值。

（2）创业者要获得风险投资应该注意的问题

作为创业者，想获得投资人的青睐，就要能准确阐述以下几个问题。

企业定位。企业定位反映出企业的经营战略。在产业价值系统里，你要用自己的产品和服务明确界定自己的角色。投资人总是试图从你的商业计划书中获得你对企业的定位，进一步说就是你得有与众不同的定位。

商业模式。你获得收入的方式明确吗？从谁那里获得？为什么你的商业模式是有可持续发展能力的？为什么对投资资本是有效率的？什么是你考虑的关键点，客户、许可权、收入、利润空间还是别的什么？不管是什么，在未来3~5年你的生意能做到什么级别？是否真的能吸引人？

市场分析。对你产品的顾客的具体描述。顾客在哪里？他们的性别，他们的收入，他们的消费心理怎样？

团队情况。你的团队为什么有独特的资质能获得成功？不要只是简单地把每个队员的缩略版简历攒在一起，而是应该解释每个团队成员的背景为何有利于公司的发展及如何互补。

投资人的竞争者在哪里？核心竞争力如何？市场经济中竞争者无处不在，告诉你的投资人竞争者在哪里，即让投资人知道他投资的潜在风险是什么。所谓核心竞争力，就是发展你的核心成员，运用你的核心技术，达到你的核心目标。

何时损益平衡？如何推论？推论一定要有数据支持，不能凭空想象。

6. 众筹

众筹是由发起人、跟投人、平台构成的一种资金筹集方式，具有低门槛、多样性、依靠大众力量、注重创意的特征。众筹是互联网金融的一项重大创新，相对于其他各种融资方式，众筹更为开放。据Massolution研究报告指出，2013年全球总募集资金已达51亿美元。中国近几年众筹快速发展，已经出现了京东众筹、苏宁金融众筹、淘宝众筹、众筹网诸多众筹平台，为创业启动资金的筹集提供了一种新型的方法。

作为大众募集项目资金的一种集资模式，众筹目前最常见的有四种模式，而众筹回报方式也是按照这四种模式来确定的。

（1）产品众筹

产品众筹的项目一般是有创意的发明、产品或者服务，所以产品众筹的回报是发明的产品或者服务。产品众筹根据投资的多少来选择给投资人的回报方式，一般会有几个阶段的划分。

（2）股权众筹

股权众筹的项目一般是创业的公司，投资人给创业人资金，而创业人给投资人企业的股份，也可以说投资人是通过购买公司的股份投资的。股权众筹的回报一般是股份、公司的分红或者利润等。

（3）公益众筹

公益众筹指的是不图回报的一种众筹方式，投资人一般捐赠资金或者物品来表达自己的爱心。这是一种无偿、无回报的众筹模式。

（4）债权众筹

债权众筹是投资人对项目进行投资，获得一定的债权，等项目成功时回报给投资者的是本金和承诺的利息。

二、注册手续的办理

企业登记注册，是国家建立的现代企业制度，建立企业的正常市场进入制度，确认企业的法人制度。大学生创办企业，也不例外，企业只有在登记申请并经工商行政依法审核批准后方能正式运行。企业在核定的登记注册事项范围内从事生产经营，依法享有民事权利，承担民事义务，受到法律保护。

完整的企业注册程序：准备经营场地/企业名称登记/办理有关前置审批手续—网上申报、等待预审—预审通过后准备纸质材料—在行政服务大厅领取工商营业执照。

三、员工的招聘及建章立制

一个企业发展到一定规模并且经营越来越红火的时候，仅靠自己经营可能就力不从心了，势必要招聘一定数量的员工。员工素质的高低，直接影响着企业的生存和发展。因此，创业者招聘员工时，一定要对他们进行全面的考查，录用后进行适度培训，这样才能为企业的发展增添活力。

（一）员工招聘

创业者招聘员工必须有计划性，要根据企业经营对员工的需求，制订各阶段的招聘计划。在招聘过程中，要贯彻"任人唯贤、择优录用"的原则，以确保招到合格的、高质量的人才进入自己的企业。具体招聘步骤一般包括以下几个阶段。

1. 准备阶段

创业者在招聘员工时首先要搜集有关人才信息，包括劳动力市场和同行业人才需求信息，作为制订招聘计划的依据。招聘计划一般包括：本企业需要员工的部门和工种，所需员工的数量和岗位要求，员工来源渠道和对应的招聘方式，实施招聘的具体方案。其中，招聘人员数量和招聘渠道是计划的重点。

2. 选择阶段

创业者在招聘启事中规定了应聘报名的方式。一般多用函件邮寄个人资料进行书面报名或在约定时间由应聘者亲临企业接受面试报名，创业者从中可以挑选出适合自己企业要求的人员，让其正式填写"招用员工登记表"，并参加以后的招聘测试。

3. 录用阶段

参加企业招聘人员的笔试、面试工作结束后，创业者从中已挑选出一批适合本企业招聘条件的人员，可以将他们一一排队分析、评定，最后提出招聘员工的最佳方案，并为录用人员向劳动部门办理就业手续。对一些企业在用工时必须体检的工种，要求被录用人员到指定的医院或防疫部门体检。

4. 签约阶段

为了保证员工队伍的相对稳定，创业者应与员工签订协议或劳动合同，建立正式劳动关系，以减少劳动纠纷。劳动合同书应包括以下内容：合同期限和适用期限，职务和工种，劳动报酬和保险、福利，生产、工作条件，教育与培训，劳动合同的解除，违约责任。

一份完整的劳动合同既要符合国家的政策法规及企业的合法权益，又要代表员工的根本利益，能调动他们为企业服务的积极性。

5. 培训

被招聘上岗的人员都必须接受培训。很多人一听到培训就联想到学校培训，其实它只是培训的一种方式。中小企业招聘的员工，大多数是对口上岗，为此多采用岗前培训和上岗后轮训等方式。采用何种方式培训主要看员工熟悉企业的程度。

6. 考核上岗

经过培训后，创业者对员工进行口试或书面形式的考核，并通过实际操作演练考核技能。试题应按工种的应知应会要求进行考核，试题不宜过难，以免产生反作用，导致员工对新工作的满腔热情受到遏制。

（二）规章制度

当企业发展到一定规模后，经营管理工作就显得日益复杂。"没有规矩，不成方圆"，规章制度就是企业的"规"和"矩"，它可以帮助创业者经营管理得有条不紊，使企业日常工作更加科学化、规范化，提高企业的社会地位，增强企业活力。

1. 规定规章制度的原则
（1）规章制度必须符合国家政策法规
创业者为了管理好自己的企业，在规定企业的各项规章制度时要以国家有关政策法规为依据，绝不能自行其是，只顾企业的自身利益，而把国家政策法规置之度外。市场经济是法制经济，公民无论干什么都应有法制观念，这样制定出来的企业规章制度才更有说服力，容易被企业员工所接受，执行起来阻力将小得多。

（2）规章制度必须符合企业实际需要
企业的每项规章制度一定要从企业经营管理的实际需要来制定，要与自己生产、经营相配合，避免形式主义，该有的不可少，不该有的和可有可无的规章制度可以不制定；它不是企业的摆设，而是用来管理生产和经营企业、促进事业发展的"小立法"，也是管理企业的一种手段。

（3）制定规章制度要奖惩分明、公平合理
每一项规章制度的建立不但要立足于企业的发展，也要照顾到员工的利益，奖罚条例要分明。若只考虑企业主的利益而忽视企业的利益，将使规定制度难以贯彻执行，也等于没有制定企业的规章制度。

2. 常见的企业规章制度种类
企业规章制度一般应少而精，常见的企业规章制度可以考虑以下几个方面：资金使用（财务管理制度），物品、原材料进出库制度，安全生产企业保卫制度，全体员工出勤制度，产品、经营项目质量检测制度，环境保护、文明生产经营制度，各种岗位责任制度，工资、劳保福利制度，其他，如业务学习、技能培训、保密制度等。

第五节　大学生创业资源与创业风险

一、大学生创业资源

创业行为常常面临资源的限制和约束，大多数创业活动都要经历"白手起家"的过程，如果创业初期就拥有丰富的资源，创业的动力就可能不足。从地理资源环境看，创业活动活跃的地区往往不是资源丰富、交通便捷的地区，如创业活跃的温州恰恰资源匮乏，交通不便。

创业行为是在高度不确定的环境中开展的商业活动，给敢于冒险的创业者以机会，使其获取意想不到的利润。创业行为常处于不确定的环境中，但是在面对诸多不确定性因素时，创业活动需要十分关注有限创业资源的获取与整合。

（一）创业资源

1. 创业资源的含义

创业资源是指新创企业在创造价值的过程中需要的特定资源与要素。创业资源可以是有形的，如资本、原材料等；也可以是无形的，如人才、技术、社会关系等。它是新创企业建立和运营管理的必要条件。

创业者获取创业资源的最终目的是为了组织这些资源，追逐并实现创业，提高创业绩效和获得创业的成功。无论是何种资源，无论它们是否直接参与企业的生产，它们的存在都会对创业绩效产生积极的影响。创业技术等要素资源可以直接促进新创企业的成长。创业机会等环境资源可以影响要素资源，并间接促进新创企业的成长。

2. 创业资源的种类

创业资源按照其对企业核心竞争力影响的重要性，可分为核心资源与非核心资源，核心资源主要包括技术和人力资源。

创业资源按来源分类，可以分为内部资源和外部资源。内部资源的拥有状况（特别是技术和人力资源）会影响外部资源的获得和运用。创业资源按直接或间接来分类，可以分为直接资源和间接资源。直接资源可分为人力资源、财务资源、物质资源、技术资源和组织资源。间接资源可分为政策资源、信息资源。

3. 整合创业所需资源

作为创业者，在开始具体创业活动之前，就需要从多方面入手准备所需资源，分为：有形资源，包括财务资源和实物资源，无形资源，主要包括时空资源、信息资源、技术资源、品牌资源、文化资源和管理资源。财务资源是指企业所拥有的资本以及企业在筹集和使用资本的过程中所形成的独有的、不易被模仿的财务专用性资产，包括企业独特的财务管理体制、财务分析与决策工具、健全的财务关系网络以及拥有企业独特财务技能的财务人员等。

（二）创业资源的价值

创业资源按照不同的划分标准体现出不同的重要性，本书选择对于新创企业影响较大的几个因素介绍其对于企业的影响。

1. 人才资源价值

"事在人为"，商业竞争归根结底也是人才的竞争。随着市场竞争的日益加剧，如何广纳人才，对于企业发展至关重要，创业者需要广泛结识行业内

第五章 "双创"人才培养视阈下大学生创业能力的发展探索

的优秀人才,并尽可能寻找志同道合的伙伴,一起推动项目向前发展。

2. 供应商资源价值

供应商质量参差不齐,优质的供应商在质量、成本、服务和创新等方面都可以助新创企业发展一臂之力,反之则会增加新创企业成本。创业者要尽量寻求优质的供应商,探索双方共赢的深层次合作模式,这其实也可以帮助创业者构建更深的竞争壁垒,限制竞争对手的进入与发展。

3. 渠道资源价值

这里的渠道包含销售渠道、宣传渠道等,直接关系到企业的营收数据。就销售渠道而言,创业者一方面要考虑渠道拥有者的流量资源,另一方面要考虑具体的分成比例,还要思考渠道与自己的产品属性是不是相符,如果相差太多对品牌形象的塑造没有益处;宣传渠道更是复杂了,创业者需要广撒网,更需要有的放矢,综合考虑产品受众、费效比等因素。[①]

4. 投资方资源价值

企业做大做强需要持续性的资金注入,特别是对于还没有营收的创业公司而言,显得更为重要。一旦资金链断裂,新创公司会倒闭关门,所以创业者需要寻求投资方的帮助,特别是一线的投资方,它们的加入不仅可以提供充足的资金,还可以给品牌做强有力的背书,有利于快速打开市场。

(三)创业资源获取及管理

1. 创业资源的获取途径

(1)技术资源的获取途径

创业者获取技术最重要的方式是自己进行研发或吸引技术持有者成为创业团队成员,可以购买已有的成熟技术或专利,并进行技术生命周期分析;

---

① 周晓宏.就业·创业·成功:大学生必读[M].北京:中国劳动社会保障出版社,2003.

还可以购买尚未成熟的概念型技术，投入资金、时间进行后续研发，以最终实现商业化。

（2）人力资源的获取途径

打工、模拟公司运作、参加校园创业大赛或者挑战杯大赛、拜访最优秀的人、与优秀的人共事都是获得人力资源的有效方式。作为大学生创业者，先打工再创业对于自身人力资源的开发具有积极意义。

（3）营销网络的获取途径

营销网络能帮助新创企业的产品或服务走向市场，促使消费者发生购买行为。新创企业可以通过多种方式建立营销网络：可以利用现有的营销网络和流通渠道，快速实现与市场的对接；可以自己建立符合产品和服务定位的营销网络，建立与需求市场的密切沟通。

（4）外部资金的获取途径

创业者除自有资金外还可以通过依靠亲朋好友筹集资金，抵押贷款、银行贷款或企业贷款，争取政府专项政策的资金支持，以项目所有权融资，吸引大学生创业基金、风险投资基金的目光获取资金。"创业首先要用自己的钱干起来，你自己的钱不先投进去，凭什么找别人为你投钱？"

2. 获取资源的技巧

（1）充分重视人力资源的获取。一方面努力增强自身能力的培养；另一方面充分重视创业团队的建设。

（2）以能用和够用为原则。创业者在获取资源时应坚持能用的原则，只有满足自己的需求、自己可以支配并使其充分发挥作用的资源，才是需要获取的资源，切不可追求"大而全"。

（3）尽可能获取多用途资源和杠杆资源。多用途资源在不同的场合具有不同的用途；杠杆资源的合理利用有助于创业者取得一定的杠杆收益。

3. 影响创业资源获取的因素

（1）创业导向

创业导向是创业者在经营、实践和决策的过程中所采取的创新、承担风险、抢先行动、主动竞争和追求机会的一种态度或意愿。创业导向强调如何

第五章 "双创"人才培养视阈下大学生创业能力的发展探索

行动,是创业精神的表现过程。创业导向明确的企业能自主行动,具备创新和风险承担的态度,面对市场竞争时能积极应对,提前把握市场发展趋势和市场机会。企业追求机会所表现出的创业导向,驱使企业寻求与整合资源,并创造财富。

(2)创业者资源禀赋

创业者资源禀赋是指创业者所具有的与创业相关的自身素质和外在关系的总和,主要包括创业者的经济资本、社会资本和人力资本,它们能够为创业行为和新创企业生存与成长提供有价值的资源。企业家资源禀赋在创业过程中发挥着重要作用,企业家资源禀赋是创业行为过程的关键资源,在很大程度上决定新创企业的资源构成特征。

(3)创业团队

新创企业把创意变成产品或服务,把产品或服务市场化、产业化是一个艰苦的过程,必须组建富有凝聚力和创新精神的创业团队,这是获取各项创业资源的重要前提,也是创业成功的基本保障。借助团队就可能拥有创业所需要的各种知识和经验,如顾客经验、产品经验、市场经验和创业经验等。同时,通过团队,人脉关系网络可以放得更大,能够有效地增进创业者的社会资本,提高创业成功的概率。创业团队本身就是一项极为重要的创业资源。

(4)外部环境条件和政府政策支持

创业活跃程度的一个重要决定因素是创业环境条件,两者呈正相关关系,核心是创业企业资源的需求和创业环境资源的供给所具有的有机联系。创业水平和创业资源受到外部环境因素的影响极大,尤其是政府的法规政策。创业环境好的地方会出现创业者聚集、创业活动频繁的情况,而政府创新创业政策作为创业环境的重要内容直接影响该区域内创新创业活动的活力与水平。瑞典学者伦德斯特伦(Anders Lundstrom)和史蒂文森(Stevenson)建构了创业激励-保障政策系统框架,罗列出创业需要的六种主要政策:创业供给政策,创业需求政策,创业激励政策,创业资源配置政策,创业宣讲政策,创业市场竞争政策。

二、大学生创业风险

(一) 风险

风险就是目的与成果之间的不确定性和不一致性,有两层含义:一是强调了收益的不确定性;二是强调成本或代价的不确定性。若风险表现为收益或者代价的不确定性,说明风险产生的结果可能带来损失、获利或是无损失也无获利,属于广义风险。而风险表现为损失的不确定性,说明风险只能表现出损失,没有从风险中获利的可能性,属于狭义风险。

(二) 创业风险

1. 含义

对创业风险的界定,目前尚未形成统一的认识。蒂蒙斯和德维思(Timmons & Devinney)认为创业风险是创业决策环境中的一个重要因素,在创办新企业、开发新市场、引入新产品时都会出现风险。从创业人才角度来看创业风险就是指创业者在创业活动中存在的风险,即由于创业环境的不确定性,创业机会与新创企业的复杂性,创业者、创业团队与投资人的能力限制,而导致创业活动偏离预期目标的可能性及其后果。

2. 创业风险的特点

(1) 创业风险存在客观性,不以人的意志为转移。创业者只能在一定的范围内改变风险形成和发展的条件,降低创业风险发生的概率,减少风险损失程度,而不能彻底消除创业风险。

(2) 风险的损失性,人们无法预料和确定。只能在认识和了解创业风险的基础上严防风险的发生和减少风险所造成的损失,损失是创业风险的必然结果。

(3) 风险损失发生的不确定性。创业风险是客观存在的、普遍发生的随机现象,可以预防,但不可能完全避免。

（4）风险存在的普遍性。创业风险时刻存在，发生时间不确定，造成的损失也可能越来越大。

（5）风险的社会性。创业风险与创业活动的利益密切相关，企业将面临生产经营和财务上的损失。

（6）风险发生的可预测性，创业风险的发生是可以预见的。利用互联网技术和大数据分析可以对创业风险发生的问题进行统计分析，以探寻创业活动风险发生的规律性。

（7）风险的变化转换性。创业风险可以增减，可以变好，可以变坏，也可能出现新旧风险的交替变化。

（三）新创企业的常见风险

企业在发展过程中会遇到各种风险，作为新创企业，特别是大学生创业，所遇到的风险会具有一些共性。

1. 项目选择太盲目

创业项目缺乏前期市场调研和论证，只凭创业者个人兴趣和想象来决定投资方向，甚至仅凭一时兴起做决定。大学生创业者承受风险能力弱，必须在创业初期做好市场调研，在了解市场的前提下选择项目进行创业。大学生创业者创业资金规模小，来源渠道单一，风险承受能力弱，需要选择资金要求不高、人员条件一般的创业项目，从小做起。

2. 缺乏创业技能

大学生创业者缺乏实践经验，往往当创业计划开始落实操作时，才发现不具备解决相应问题的能力，缺乏实践经验的创业活动犹如纸上谈兵。为解决这样的问题，大学生应先去企业打工实习，积累相关管理经验；也可以参加提升创业能力的培训，积累创业知识、创业技能，提高创业成功率。

3. 社会资源贫乏

新企业开办、新市场开拓、新产品推广等都需要调动整合社会资源，大学生创业者在社会资源禀赋方面较差。大学生平时应多参加社会实践活动，扩大人际交往的范围，建立广泛的社交网络，并且可以到相关行业实习工作一段时间，为创业活动储备社会资源。

4. 管理风险

大学生创业者可能具备一定的专业技术能力，但不可能具备营销、沟通、管理、财务等方面的综合能力。要想创业成功，大学生创业者必须具备全面的综合能力，从投资少、人员少的小项目开始锻炼创业能力。研究表明大学生创业失败者，基本上都是管理方面出了问题：决策随意、信息不通、理念不清、用人不当、忽视创新、盲目跟风等，这些都会促使创业活动走向失败。

5. 竞争风险

竞争是必然的，也是客观的，创业者希望寻找蓝海作为创业的开端，但并非所有的新创企业都能找到蓝海。市场经济条件下，资源实现有效配置，意味着蓝海只是暂时的。如果创业者选择的是竞争激烈的领域，在创业初就会受到同行的挤压，行业垄断者常会采用低价倾销的方式对初创企业造成毁灭性的破坏。创业者需要考虑好如何应对行业内的残酷竞争。

6. 团队分歧的风险

新创企业诞生和成长过程中最主要的力量来源是创业团队，优秀的创业团队能使企业迅速地发展。但同时也存在巨大风险，创业团队的力量越大，可能产生的风险也就越大。一旦核心成员无法达成一致继续合作，就有可能给创业项目带来不可逆的冲击。创业者要做好团队的协作并非易事，特别是当新创企业发展逐渐步入正轨，涉及股权、利益等问题时风险更大。

7. 核心竞争力缺乏

对于创业者来说，目标是不断地发展壮大企业，而企业能否持续发展的关键是核心竞争力的把握，这是最不可忽视的问题。没有核心竞争力，企业最终会被市场淘汰。

8. 人力资源流失风险

新创企业要想及时发现市场需求变化，快速开发产品和提供服务，就必须拥有一支高素质的人才队伍，高素质人才构成了新创企业最核心的竞争力。没有人才方面的竞争力，新创企业将很难成功，所以防止专业人才及业务骨干流失应是创业者时刻注意的问题，特别是依靠某种技术或专利创业的企业中，关键技术的业务骨干是最主要的风险源。

9. 意识上的风险

意识上的风险是创业团队内在的风险，这种风险来自于无形中，却有强大的毁灭力。风险性较大的意识有投机心态、侥幸心理、尝试心态、依赖心理等。

（四）创业风险管理

创业者以合理的风险成本投入，通过对风险的确认、选择和控制，以期达到最大的经营安全度。创业风险管理的三个要点是：

（1）创业风险管理要能够化险为夷，提高经营安全性。

（2）创业风险管理是企业通过购买保险单、分摊意外事故损失的财务安排，管理方法更加复杂。

（3）企业经营风险是为了预防和减少损失所进行的计划、实施、控制、处理活动，如企业建造防火建筑物、制定和实施安全条例、提供劳动保护用品、检查通风设备、实施技术操作规程以及防盗措施等，涉及内容众多。

第六章 "双创"人才培养视阈下大学生就业能力的发展探索

创新创业的时代发展要求给予当代大学生更多的机会与压力。为了更好地迎合社会发展的趋势，大学生需要在大学期间对自身的就业能力给予充分的认知与准备，只有有效提升自身的就业能力，才能在毕业走入社会时顺利实现就业。本章重点研究"双创"人才培养视阈下大学生就业能力的发展。

第一节 大学生就业的决策、目标设立与行动计划

一、职业决策

(一)职业生涯决策的内涵

决策是为了实现一定目标,采用一定的科学方法和手段,从两个以上的方案中选择一个满意方案的分析判断过程。它是建立在决策者自身和周边环境分析基础上,确定行动目标,并对实现目标的若干可行性方案进行比较和选择,最终确定一个最为优化合理的方案的分析决断过程。简单地说,决策就是做决定的过程。

(二)职业生涯决策的过程

职业生涯决策是一个持续的过程,也是职业生涯规划的中间环节。它是在决策者自我认识和职业认知的基础上,通过决策环节为职业规划找到方向,进而完成详细的、长期的发展规划和生涯决策的步骤。职业生涯决策主要经历三个阶段:决策准备阶段、决策选择阶段和决策质量评估阶段。

1. 决策准备阶段

在选择自身的职业生涯路径时,一般应考虑三个问题,即能力、机会、

价值,通过回答"我能够做什么""我可以做什么"和"我想要做什么"三个问题来理清自己的思路。

(1) 我能够做什么。回答这一问题主要是明确自己的能力取向,即通过对自身兴趣、技能等内部特征的分析,明确自己与他人(竞争者)之间的差异。一方面,可以取长补短,通过再学习弥补不足;另一方面,可以在职业生涯决策中扬长避短,尽量发挥自己的优势。

(2) 我可以做什么。回答这一问题主要是明确自己的机会取向,即通过对现有的社会经济、技术、政策环境等信息的搜集和分析,明确职业发展的机会、挑战以及在未来的职业生涯发展过程中可能受到哪些外部因素的影响。

(3) 我想要做什么。回答这一问题主要是明确自己的价值取向,即通过对自己的兴趣、价值观念、理想、成就动机等因素的分析,确定自己的目标取向。我想做什么一般指能够使决策者实现个人价值和社会价值的最理想的职业生涯目标,这个问题的确定可能直接影响职业生涯决策者未来职业发展的满意度。

2. 决策选择阶段

决策选择对于大学毕业生来说,不仅决定了今后将从事什么工作,而且在很大程度上首先确定可能的职业生涯目标。在决策准备阶段搜集相关信息的基础上,决策者要综合考虑内外部条件,确定可能的职业生涯目标。在决策者之前的信息搜集和分析环节以及自我探索过程中,一定会有相应的适合的职业出现。此外,决策者还可采用头脑风暴的方法列出自己心目中的理想职业。在以上职业清单的基础上,分析这些职业的共同点,对职业清单进行补充和修改,最终确定可能的职业生涯目标。在此过程中抛开固有的想法,保持客观的心态,就容易获得有效的信息。[1]

---

[1] 李范成. 高校大学生就业指导问题研究[M]. 哈尔滨:哈尔滨工程大学出版社,2016.

3. 决策质量评估阶段

（1）决策评价

决策评价阶段将针对初步选择的职业生涯目标所选择的一个职业、工作或者相关专业技能进行决策评价与检验。

在该环节的第一步，决策者要再次进行自我评价。一方面，随着决策者不断地实践与思考，决策者会对自己有新的认识；另一方面，环境在随时变化，所以有必要根据环境的变化回顾自己的职业生涯决策，思考这是不是自己想要的人生，如果继续这样工作和生活自己的感受是什么，继续什么和改变什么可以让自己的满足感最大等问题，考虑包括性格、兴趣、能力和价值观等自我评价中哪部分需要重新进行，并确定自己是否仍旧适合决策目标。

（2）决策调整

结合决策评价的结论，决策者需对决策目标进行调整。调整的内容包括：职业的重新选择、职业生涯路线的调整和人生目标的修正等。及时调整职业生涯目标是为了使决策者在社会中找到真正适合自己的位置，并使决策者自身得到更好的发展。

综合前三个步骤得出的评价结果，分析初步的职业生涯目标与再次的自我评价、亲友影响评价以及社会环境变化是否吻合，确定其属于两者没有任何冲突（这种情况一般不会发生）、出现较小冲突（例如由于行业发展，某一职业可供选择的公司数量增多）或是出现较大冲突（例如由于启动资金无法筹集，使自主创业的决策实施面临困境）三种情况中的哪一种。

如果评价结果与决策者的职业生涯发展规划冲突较小，则决策者可以在决策目标的实现策略中做出适当调整。例如，由于行业变化，某一职业同层次可供选择的就职公司数量发生增减，那么决策者就应调整自己在某一领域有就职意向的公司名单，使职业生涯决策与评价结果一致。

如果评价结果与决策者的职业生涯发展规划冲突较大，则决策者应重新进行职业生涯决策过程，重新选择职业生涯决策目标。决策者需要回到初步选择阶段，搜集更多的职业生涯信息，重新进行自我评价，并采用SWOT分析法、决策平衡单法等方法对原决策方案及备选方案重新进行分析，做出新的决策。

无论评价结果与决策者的职业生涯发展规划冲突程度如何，决策者都应做出相应的调整，最终得到调整后的决策结果并执行。这是决策的实施阶段，决策者把思考转化为行动，并在行动和实践中进一步进行评价与调整，使整个职业生涯决策过程更加完善。

二、目标设立

（一）职业生涯目标的含义

所谓职业生涯目标，就是指个人在选定的职业领域内未来所要达到的具体目标，是个人在职业领域理想的具体化。它既代表着个体的理想追求，也指引着个体的行动方向。职业生涯目标是未来某个时间点要达到的成就。不同时间点的成就是不一样的，每一时间点的成就也有不同的内容。

大学生职业生涯目标是指大学生根据社会期望和自身发展的需要，确立自我奋斗目标和发展方向。树立职业生涯目标不仅可以为大学生的自我发展提供导向，也有利于调动大学生的积极性、主动性和创造性，既是大学生自我发展的出发点和归宿，也是大学生自我发展的核心问题。

（二）职业生涯目标的作用

当一个人认为自己的目标并不重要时，他为达到目标所付出的努力就没有什么价值。

（1）目标能激发潜能和产生积极的心态。明确具体的目标是我们努力的依据，能让人产生战胜一切的动力。欧尔·奈丁盖尔说："要谋求幸福，我们的人生就不能没有一个远大目标。"也就是说，没有远大目标的人，即使有巨大的能力，也很难取得巨大的成功。

（2）目标能使我们更好地把握现在。目标对目前的工作具有指导意义。现在是未来的一部分，因而要把握现在，重视现在。回顾过去，可以借鉴历史的经验和教训，可以从成功的案例中汲取营养，从失败的实践中获得警诚；对未来的展望，使人充满信心和期望。为了未来的愿景，当然需要切实把握现在。有人比喻说，过去是一张注销的支票，未来是一张期票，现在是手里的现金，也不无道理。

任何理想的实现，都需要制订并且达到一连串的目标。每个重大目标的实现，都是每个小目标实现的结果。我们现在的种种努力都是为实现将来的目标铺路，做好现在才能成就未来。

（三）职业生涯目标的选择模式

职业生涯目标的确立要完整，目标规划要涵盖生理与身体、认知、社会、情绪、人格等内容。职业生涯目标的设立一定要清楚，可以量化，一件件具体的事情，一个个量化的具体目标，就是人生成功旅途上的里程碑。每一次短期职业目标的实现都是一次评估、一次安慰、一次鼓励、一次加油。职业生涯目标必须合理，不实际的目标只会造成不必要的压力和挫折感。目标确定下来后并非绝不更改，随着对目标的了解和自身情况的变化，可对目标进行弹性调整。确立的职业生涯目标要使人积极、自信、乐观、从容，具备良好的精神状态。[①]

所有成功人士都有一个突出的特征，就是生活的方向性，即始终对自己的去向一清二楚。他们有目标也有行动，知道自己要做什么，也知道应该怎样去做。

目标的制订是否科学、合理，对目标能否顺利实现具有非常重要的意义，确定职业生涯目标看似是一件简单的事情，但是如果上升到技术的层面，必须学习并掌握SMART原则。

（1）SMART原则一：S（specific）——明确性。所谓明确就是要用具体的语言清楚地说明要达成的行为标准。目标必须尽可能具体，缩小范围，这样才能符合实际情况，也容易制订实现的具体方法，更具有可操作性。

要使目标具体化，应把握以下原则：

---

① 姜力源，张镝.职业生涯规划与就业创业[M].北京：中国医药科技出版社，2018.

①要对个人情况有清楚的了解。

②明确实现目标的资源配备情况。

③要清楚整个过程的战略规划。

示例：目标——"增强学习意识"。这种对目标的描述就很不明确，因为增强学习意识有许多具体做法，如：减少时间浪费，过去每天非学习时间占20%，现在把它降低到15%或者10%。

（2）SMART原则二：M（measurable）——可衡量性。目标达到与否要有可衡量的标准和尺度，这是进行效率考核的基础，也为目标过程管理提供依据，方便对整个计划的执行情况进行检测。目标的可衡量性，也就是目标有没有达成要有一个清晰的界限，来区分什么是达成了目标，什么是没有达成目标。

如果制订的目标没有办法衡量，就无法判断这个目标是否实现。

（3）SMART原则三：A（attainable）——可实现性。即目标必须是"跳一下才够得着的目标"。含有两层意思，其一，目标不能太高，否则会让人望而却步；其二，目标不能没有挑战性，否则目标失去意义，难以给人动力。

短期目标应该是依据整体目标制订的，同整体目标保持一致是必须的，只有符合整体长期目标，短期目标才具有可行性和现实性。

（4）SMART原则四：R（relevant）——相关性。目标的相关性是指实现此目标与其他目标的关联情况。如果实现了这个目标，但与其他的目标完全不相关，或者相关度很低，那这个目标即使达到了，意义也不是很大。目标需要是可以被证明和观察的，这样才切合实际，才好执行。

（5）SMART原则五：T（time-based）——时限性。目标特性的时限性就是指目标是有时间限制的。例如，我将在2022年5月31日之前完成某事。5月31日就是一个确定的时间限制。没有时间限制的目标没有办法考核。目标应是能在某一个限定时间内完成，有了明确的时间界限，压力和动力就会成为目标实现的驱动力。需要注意的是，在强调个人完成目标时间的同时，还要强调协作。应该将目标的实现列入进度计划表，细分每段时间的任务，清楚写明完成的时间，才会尽可能地减少拖延。

（四）职业生涯目标的分解

职业生涯目标按照时间可以分为两种：一是人生目标。这是职业生涯目标的最高点，也是最终职业生涯目标。二是阶段目标。这种目标是在通往人生目标的过程中所设立的，是人生目标的分解。

人生目标是整个人生的发展目标，时间长至40年左右。一般说来，短期目标服从于中期目标，中期目标服从于长期目标，长期目标又服从于人生目标。实施目标，通常是从具体的、短期的目标开始。大凡成功者，都有明确的人生目标。有了人生目标，人生的航船才有了方向，才不会随波逐流。但是，有了人生目标却不一定就能成功，就好像一叶扁舟在驶向遥远目标的过程中，会因各种原因到不了目的地。

阶段目标是实现人生目标征途中的一盏盏航灯或路标。阶段目标按时间可以分解为短期目标、中期目标和长期目标。

长期目标时间为5~10年。长期目标通常比较粗略，不够具体，可能随着内外部环境的变化而变化，在设计时以勾画轮廓为主。

中期目标时间一般为3~5年。中期目标相对长期目标具体一些，如参加一些旨在提高技术水平的培训并获得等级证书等。整个大学生涯阶段的任务目标就属于中期目标。

短期目标通常是指时间在1~2年内的目标，是中期目标和长期目标的具体化、现实化和可操作化，是最清晰的目标。

（五）职业生涯目标的确立

整个生涯规划，就是围绕着一系列的大小目标展开，没有目标就构不成规划。职业生涯目标设立，必须经过如下五个基本步骤。

（1）自我分析。主要是对个人的专业、性格、气质、兴趣、价值观、技能等方面客观地进行分析，了解自己喜欢做什么、能做什么。

（2）环境分析。即对自己所处的环境进行分析，包括社会发展趋势、经济文化环境、行业发展情况、人才供需情况等，通过对环境的评估，了解自己面临的职业生涯发展机遇和挑战。

（3）在自我分析和环境分析的基础上，做出生涯决策，选定个人的职业目标和生涯发展方向。

（4）目标分解。明确确立职业生涯目标，并把目标进行合理的分解和细化。通常是先制订自己的长期目标，然后把长期目标分解为中期目标和短期目标。

三、行动计划

我们大多数人都曾在生活中树立过目标，但是为什么有的时候实现不了？没有良好的计划和执行力，目标便无法实现。职业生涯规划中的行动计划是指落实目标的具体措施，主要包括每日、每周、每月、每学年具体实施职业生涯规划方案的有效行动步骤。比如，制订并坚持一日和一周的生活计划，参加各种有利于职业生涯规划发展实现的活动、社会实践和实习实训等；为达成目标，在学习方面计划采取什么措施，等等。

一般说来，一个详细的行动计划总要包含以下要素：计划主题、计划内容、状态、执行人和完成时间等。而在实施每一个详细计划的过程中，都需要遵循PDCA循环这一原则。

PDCA循环是美国质量管理专家休哈特博士首先提出的，由戴明采纳、宣传，获得普及，所以又称"戴明环"。PDCA循环的含义是将质量管理分为四个阶段，即计划（plan）、执行（do）、检查（check）、处理（act）。在质量管理活动中，要求把各项工作按照做出计划、计划实施、检查实施效果进行，然后将成功的纳入标准，不成功的留待下一循环去解决。这一工作方法是质量管理的基本方法，也是企业管理各项工作的一般规律。同样也适用于职业生涯规划中的行动管理。

PDCA是英语单词plan（计划）、do（执行）、check（检查）和act（处理）的第一个字母，PDCA循环就是按照这样的顺序进行质量管理，并且循环不止地进行下去的科学程序。

（1）P（plan）：计划，包括方针和目标的确定，以及活动规划的制订。

（2）D（do）：执行，根据已知的信息设计具体的方法、方案和计划布局；再根据设计和布局，进行具体运作，实现计划中的内容。

（3）C（check）：检查，总结执行计划的结果，分清哪些对了，哪些错了，明确效果，找出问题。

（4）A（act）：处理，对总结检查的结果进行处理，对成功的经验加以肯定，并予以标准化；对于失败的教训也要总结，引起重视。对于没有解决的问题，应提交给下一个PDCA循环去解决。

以上四个过程不是运行一次就结束，而是周而复始地进行，一个循环完了，解决一些问题，未解决的问题进入下一个循环，这样阶梯式上升，如图6-1所示。

图6-1　PDCA循环

第二节　大学生就业准备

一、就业信息的准备

（一）搜集就业信息的内容

1. 就业市场形势信息

就业市场形势信息包括社会经济发展形势、国家的经济发展战略、产业结构的调整和变化等。大学生一定要了解就业市场形势信息，以便不断丰富自己的知识，提高自己的能力，使自己成为符合社会发展需要的人才。

2. 就业招聘活动信息

就业招聘活动信息包括召开企业说明会、宣讲会的时间、地点，举办招聘会或供求洽谈会的时间、地点，网上招聘的具体流程和实施方案。

3. 就业政策信息

就业政策是指政府为了解决现实中大学毕业生就业问题制定和推行的一系列方案及采取的措施。例如，选聘大学生村干部、大学生志愿服务西部计划、基层就业等一系列政策。近年来，为保障大学生就业，中央和各地方政府先后颁布了一系列有利于大学生就业和鼓励大学生创业的政策法规，了解这些就业政策是大学生求职择业的重要一步，对大学生求职择业会起到事半功倍的效果。

4. 用人单位信息

用人单位信息包括用人单位的名称、地址、经营状况、发展前景、企业文化、福利待遇等，只有对用人单位有充分的了解，才能选择更适合自己的单位，也才能在用人单位中快速地找到自己合适的位置，不断提高自己，使自己更好地融入集体。

（二）搜集就业信息的方法

可以采用一定的方法来搜集就业信息，概括来说，这些方法主要包括以下几种。

1. 定区域搜集法

定区域搜集法即求职有明显的地域倾向，这种方法根据个人择业的地域选择来搜集就业信息。

2. 定方向搜集法

定方向搜集法即参考自己的实际情况和个人兴趣，以行业为优选对象，搜集与本行业范围有关的信息。

3. 全方位搜集法

全方位搜集法即将个人搜集到的与本人或学校有关联的就业信息统统汇总起来，再按一定的标准整理、筛选，以备使用。

（三）搜集就业信息时应克服的心理误区

具体来说，大学毕业生在搜集就业信息时应克服以下几个心理误区。

1. 定式思维

在日常生活中往往会由于习惯而形成定式，而在搜集就业信息的过程中也存在着一些定式，主要表现在以下几个方面。

第一，只搜集与本专业有关的信息。

第二，只搜集招聘信息，不搜集就业政策信息、咨询信息等其他信息。

第三，只选择自己熟悉的信息搜集途径和方法。

第四，只一味选择那些工作较稳定的就业信息。实际上，由于现代社会的竞争激烈，每个人都有可能遇到职业转换的问题。

2. 依赖盲从

依赖盲从的心理误区主要表现在以下几方面。

第一，有的大学生在搜集就业信息时抱有强烈的依赖心理，他们寻求父母和教师的帮忙，希望他们可以为自己提供各种现成的、有用的信息，并且能够为自己进行筛选，这是一种典型的依赖盲从的心理，对于职业发展极为不利。

第二，有的大学生在搜集信息时随大流，看别人搜集什么信息，自己也跟着搜集什么信息，结果导致自己所搜集到的信息完全不适合自己。

上面所列的这些心理误区极大地限制了求职者搜集信息的效率，不利于成功选择。因此，每一位大学毕业生在择业过程中都要注意自我的心理调适，克服其不利的影响，以积极的良好心态去应对人生的每一次挑战。

（四）分析就业信息

1. 去粗取精

毕业生获得的原始就业信息是杂乱无章的，很难具有指导性，毕业生只有对这些信息进行分析、处理，这些信息才能有效地指导自己的求职就业。在信息的分析、处理过程中，要注意分清主次，首先根据自己的实际情况和兴趣对信息进行筛选，然后分析一下自己到用人单位就业的可能性。同时，要结合就业政策、企业发展前景、自身职业发展等因素筛选出重要信息，标明并留存起来，一般信息可留作参考。

2. 去伪存真

在搜集、整理就业信息的过程中，毕业生还需要增强法律意识和安全意识，提高警惕，避免各种就业陷阱。在就业市场中，有些用人单位往往只宣传自己的优势，很少提或不提劣势；有些用人单位打着招工的幌子，利用岗前培训骗取培训费用；尤其要警惕校友或老乡介绍的所谓高福利的就业信息，这些往往是传销骗局。毕业生事先应该对这些就业信息进行充分的调查和了解，做到心中有数。

3. 注重时效性

就业信息有很强的时效性，信息发布的时间越短越有价值。因此，毕业生获取信息后，一定要尽快分析处理并向信息发布者反馈信息。

二、就业知识的准备

（一）大学生合理的知识结构

当今的大学生要想在就业的大潮中立于不败之地，就必须拥有合理的知识结构。当然，大学生的知识结构没有一个固定不变的模式。但从大学生就业角度考虑，必须具有以下几个方面的知识（图6-2）。

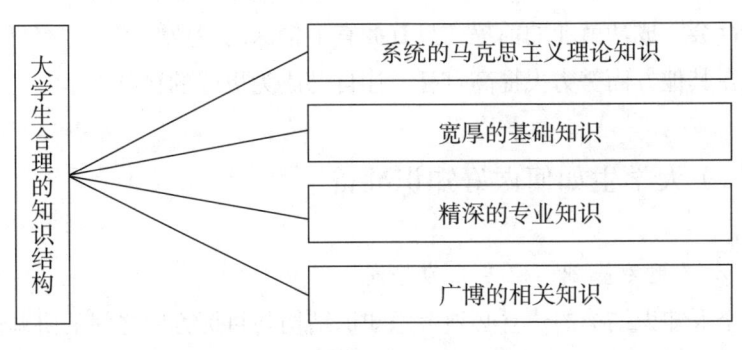

图6-2 大学生合理的知识结构

大学生合理的知识结构：
- 系统的马克思主义理论知识
- 宽厚的基础知识
- 精深的专业知识
- 广博的相关知识

1. 宽厚的基础知识

大学生在毕业前，必须掌握扎实的基础知识，积极拓展自己的知识面，这样才能有效地拓宽自身的择业面，给毕业后的择业、就业创造更多的机会。

2. 广博的相关知识

大学生知识面偏窄的问题早已存在。主要表现为非专业知识的贫乏，甚至出现过文科生不知爱因斯坦、理科生不知曹雪芹的笑话，而实际社会中对"通才"的需要却远远大于对"专才"的需要。作为一名大学生，应该利用在校学习的时间，不断完善自身的知识结构，如果知识面太窄，则难以适应工作的需要。缺乏本行业的专业知识，就无法实施具体的工作。因此，在大学学习过程中，应把这两方面结合起来，努力成为复合型人才。同时，不能仅仅是对过去及现有知识的继承、积聚、掌握与应用，更要实现知识的不断更新，以适应知识经济时代的需要。

3. 系统的马克思主义理论知识

高校大学生不仅要具有较高的文化素养，还应该具有系统的马克思主义理论知识，只有这样，才能成为合格的社会主义建设者和接班人，也才能在激烈的竞争中立于不败之地。

4. 精深的专业知识

专业知识是指大学生在大学期间需要学习的本专业的学科知识，是大学生走向社会、成功就业的前提，只有拥有了精深的专业知识，才有可能充满自信地在其他方面努力去提高自己，让自己成为更好的自己。

（二）大学生如何做好知识准备

1. 以兴趣为基础，以专业为导向

一个人知识结构的建立必须考虑知识结构与目标方向之间的协调性，必须考虑社会的需求和自己的兴趣爱好。一方面，大学生要充分认识到所学的

第六章 "双创"人才培养视阈下大学生就业能力的发展探索

知识和技能对社会、自身的重要作用，从而产生强烈的学习兴趣；另一方面，大学生应根据社会需求，结合个人具体情况，明确在不同学习阶段和不同课程中的任务，并以取得的阶段性成果来激励自己。根据拟定的知识结构，将自身的知识结构按整体性要求以及层次进行优化组合，并构建出一种适于自己的知识结构雏形，例如，技术型、操作型、经营型、管理型、科研型等。知识学习要循序渐进，并对所学知识不断加工整理。

2. 运用好学习工具

大学生要使自己能够适应择业需求，优化知识结构，对大学生来说，就必须在注重学习的同时，有效利用图书、网络和社会实践等学校资源。大学生可以结合自身特长爱好，运用好学习工具，努力拓展自身素质，开阔眼界，活跃思想，触类旁通，全面提升个人综合文化素质。

3. 掌握知识的积累途径

我国著名数学家华罗庚曾说过："知识在于积累，天才在于勤奋。"一个人如果想在他所从事的工作领域中有所建树，就必须要有该领域的大量知识作为基础。因此，大学生必须要不断地进行知识的积累。从整体上来说知识的积累有两种途径。

第一种途径是从书本中获得，即从对书本的学习中获得知识。

第二种途径是从实践中获得，即通过实践来获得相关的知识。

这两种途径各有长短，它们相互依存，相互补充，相互发展，二者都不能偏废。

4. 正确认识、科学评价自我

大学生要根据自身的情况、所学专业的特点做好职业目标的知识准备，并以此确定自己知识结构的类型。建立科学合理知识结构的前提是正确认识自我。大学生必须明白自身的优势和不足，认识到优化知识结构的必要性以及选择合理知识结构的优化模式。而且，即使选择了优化模式，但如果自身并不努力，也不能获得合理的知识结构。

5. 遵守知识体系的基本规则

大学生在学习活动中必须遵守由易到难、由浅入深、由简到繁、由近到远的基本规则，必须学好基础理论知识，必须按照教学计划规定的课程顺序系统地进行学习。另外，大学生必须经常自觉地把课内外所学到的知识进行加工整理，认真观察各种客观事物和现象，掌握并运用分析与综合、归纳与演绎、抽象与概括等科学思维方法，使知识融会贯通，形成完整统一的认识系统。

6. 掌握科学的学习方法

要敢于质疑，学会创造，善于自学，自主学习，高效率地吸取、整合和创造知识。同时，在学习中不断地调整知识结构，使之更加趋于合理。

三、就业能力的准备

（一）大学生应具有的能力

1. 良好的创新能力

大学生要想具备良好的创新能力，就必须首先要具有良好的创新思维。创新思维是能摆脱成见、构筑新意、在认识上产生新的突破的思维，是人类的一种高级思维活动。它是抽象逻辑思维与具体形象思维的统一、分析思维与直觉思维的统一、顺向思维与逆向思维的统一、发散思维与聚合思维的统一、智力与非智力因素的统一。思维活动怠惰，就不可能有创新。

2. 健美的身心素质

（1）健康的体质

①健康第一的思想

无论是学习和掌握先进的科学技术，还是适应紧张的社会生活和工作，都离不开强健的体魄。正如毛泽东同志所说："体者，载知识之车而寓道德之舍也"，"德智皆寄于体"，"无体是无德智也"。所以，学生必须树立健康第一的思想。

②体质达标

体质达标，是高等学校毕业生必备条件之一。大学生应具有正常的发育、强健的体魄、较强的耐力和反应能力、良好的体能及健康的体质。这主要从身体形态、身体机能、身体素质、体育课成绩、课外体育锻炼等方面进行综合评定。具体考核的指标包括体重、胸围、身高、肺活量、视力等。

③健身习惯

生命在于运动，大学生要具有良好的卫生习惯、浓厚的体育活动爱好，特别是健身习惯尤为重要。要在大学期间坚持上早操、课间操，积极参加各项体育活动，即使到毕业年级也不能放松。这是保证身体健康的最有效途径。

（2）良好的适应能力

在人的一生中，个体的内外环境都在不断发生变化，有时变化很大，而且这往往是人力所无法控制的，所以在人的一生中被动的适应和主动的适应都是必要的和不可避免的。环境改变，人人都会有些紧张，有的人能随遇而安，很快适应，有的人则很久无法适应，甚至焦虑不安，心悸失眠，出现各类精神症状和躯体症状，表现出很差的适应能力。因此，对变动着的环境能够很好地适应，是心理健康的重要标志。

3. 良好的学习素质能力

不同的知识体系只有处于一个合理的结构之中，才能使其静有其位、动有其规、各显其能、优势互补。知识结构因人才类型、层次而异，不存在固定的普遍的模式。目前，学术界提出的比较有代表性的知识结构有三种模式。

第一，强调基础理论宽厚扎实和专业知识广博精深的宝塔型知识结构。

第二，强调知识广度与深度统一的网络型知识结构。

第三，强调个体知识与整体知识有机结合的帷幕型知识结构。

这三种知识结构虽各有不同，但每一种模式都表现出博而不杂、专而不偏、基础雄厚、适应性强的共同特征。

（1）专业知识体系

专业知识体系是知识结构的核心部分，也是科技人才知识结构的特色所在。无专业特色，也就不能称其为科技人才。大学生是高级专门人才，因此应具备健全的专业知识体系。

（2）辅助性知识体系

辅助性知识体系包括立身做人的知识体系，如道德、法律；也包括有助于本专业知识发挥效应的人文知识体系，如管理、交往、表达等。

当今社会，计算机应用已渗透到社会生活和工作的各个环节，许多部门、行业也逐步走向了国际市场，特别是在全球经济一体化迅猛发展的时代背景下，用人单位非常注重大学生对外语和计算机知识的掌握程度。现在北京、上海、天津、深圳等大多数城市对引进毕业生的外语和计算机能力都有相应的要求，即英语要达到四级水平，计算机要通过国家二级考试。用人单位也把这方面的知识水平作为接收大学生的先决条件。

（3）在动态中丰富与组合

知识结构是在求知的过程中，经过大量的吸纳、储存、积累而逐步形成的。这是一个从无序到有序、从低级向高级不断变化的过程，是一个渐进优化、日趋合理的发展系统。特别是在科学日新月异的今天，要保持知识结构的最佳状态，就更应该体现知识结构的动态性、可变性和根据实际需要在动态中的可丰富性与组合性。

4. 与他人团结协作的能力

合作精神是中华民族处理人际交往关系的重要伦理准则，是维护国家统一和社会稳定的精神力量。当今时代，竞争已经成为一种新的道德品质。然而，竞争与合作是共生共存的。不能为了团结合作就放弃正当的竞争，同样，也不能因为竞争而破坏团结与合作的人际关系。合作精神也是当代大学生在处理交往关系时应当具备的道德品质。

5. 美的情操

（1）提高审美能力

高等学校学生不但要爱美，懂美，会美，还必须在审美过程中，不断提高自己的审美能力。

①树立正确的审美观

只有树立正确的审美观，人们才可能确立科学、客观的审美标准，养成健康的审美情趣，具有崇高的审美理想。

②掌握必要的审美知识

高等学校学生应多学习掌握一些审美知识，重视从各个时代各个类别的各种艺术作品中汲取艺术美的营养，以丰富和充实自己的审美理论，学会鉴别美与丑。

③积极参加审美的实践活动

积极参加审美的实践活动。人的审美素质不是生来就有的，而是在后天的社会实践中不断学习提高的。大学生只有积极参加各种形式的社会实践活动，才能在丰富多彩的社会生活中思考和探索美的各种问题，才能既改造客观世界，把美带给人民，又改造主观世界，塑造美的人格，从而从根本上提高审美能力。

（2）培养美的风度

美的风度是指在社会交往中所表现的一切行为规范的文雅、优美的外部形象。风度美是一个人内在气质的外现，是人的外表美和内心美的统一，是作为自然人的形体美和作为社会人的心灵美的融合。

①语言美

在社会交往中，一个人的风度优劣，大部分是通过语言表现出来的。语言是表现人的风度的重要载体和手段。语言美是社会文明，特别是精神文明的构成因素，是风度美的重要标志之一。每个大学生都应当使自己的语言从内容到形式优美动人，让风度美闪光生色。

②服饰美

服饰选择和搭配能够展示一个人的个性、品味，甚至身份和地位，它能从内在的精神气质和外在的形貌作风上鲜明生动地表现人的风度。服饰打扮与其他任何事物一样，有其独到的学问和规律，每个大学生都应当从服饰与年龄、服饰与个性、服饰与身材、服饰与环境等诸多方面了解这些学问和规律，了解服饰艺术的表现功能，以便通过服饰打扮更好地表现自己的风度美。

③神态美

神态是人的性格、气质的外露。优美动人的神态令人耳目一新，能得到人们的喜爱和尊敬；相反，丑恶的神态则令人厌恶作呕。人的神态可谓千姿百态，对此不必强求一律。对于大学生来说，端庄、振奋、活泼则显示着特殊的美好神态，这种神态往往是自尊、自信与心胸开阔的反映。

④行为举止美

一个人举止的优劣，也是风度美与否的具体表现。人的举止内受制于道德意识，外显于一定的形式。一般来讲，举止文雅优美的人，都有着较高尚的道德水准。所以一个人举止的优美，是表现人的风度的最理想的因素。美的举止，既能表现出爱心、友谊、理解、宽容、体谅、关怀、照顾、同情、帮助、怜悯等细腻的情感，又能表现出谦虚谨慎、助人为乐、毫不利己、公而忘私等崇高的思想，还能塑造完美的作风和美好的形象，这是人的风度美的最本质的体现。因此，所有注重风度美的大学生都应当重视行为举止的修养。

⑤创造美的环境

环境美是生活美的重要组成部分。美好的环境，直接或间接地影响着人们的身心健康、精神状态，影响着人们的学习、工作、劳动效率。美化环境，人人有责。高等学校学生应成为保护环境、创造美的环境的楷模。

（二）大学生如何做好就业能力的准备

随着大学生整体就业难度的增加，人才招聘的素质要求越来越高。大学生要想走出就业难局面，就要全方位地提高自身的能力，以适应社会的发展对人才素质的要求。新时期需要的人才不再是单一型的，而是"一专多能"型的人才。大学生要主动适应这种变化，走出狭隘的思维空间，掌握学习的技巧和方法，努力学习各方面、各领域的知识，拓宽自己的知识面，要勤于实践，提高自身的能力水平，为未来就业及其发展打下良好的基础。较强就业能力可以通过以下途径获得。

1. 积累知识

大学生在校期间，一定要注意拓宽自己的知识面，勤奋学习，不耻下问，需要说明的是，才能并不是知识的简单堆积，而是知识的结晶。这里的结晶包含着对知识的提炼、改造和制作，包含着质的变化。要做到这一步，除掌握知识外，还需要有科学的思想方法和熟练的技能技巧。

2. 发展兴趣

兴趣对培养能力相当重要。杨振宁博士在总结科学家的成功之路时说成功的秘诀是兴趣。因此求职者要围绕所学专业发展自己的兴趣爱好，并以这些兴趣为契机，加强相关知识的学习和积累，注意发展自己的优势能力。

3. 要加强思想道德素质的培养

用人单位在选用人才时，将个人的业务能力和道德水准放在同等重要的位置，有时对道德素质的要求甚至高于对业务能力的要求。因此，大学生要注重自身思想道德水平的提高，要学会做人的基本原则，讲究人品，讲究诚信，增强自己对国家、社会、单位、他人的责任感，在追求个人利益和自我价值的同时，做出对国家、社会、人民应有的贡献。

4. 勤于实践

能力是在实践过程中培养形成并在实践过程中表现出来的，因此实践是培养能力的重要途径。像大学生搞义务家教、当清洁保洁员、参加社区服务等，这些活动不仅陶冶了大学生的情操，同时也促进了他们各方面能力的提高。

四、就业材料的准备

（一）学会整理就业材料

可以按照以下几个步骤来整理就业材料（图6-3）。

1. 搜集材料

以择业目标为中心，围绕择业目标所需的专业特长、知识结构和能力等进行搜集，注意专业特点、个人能力与行业特点的统一。

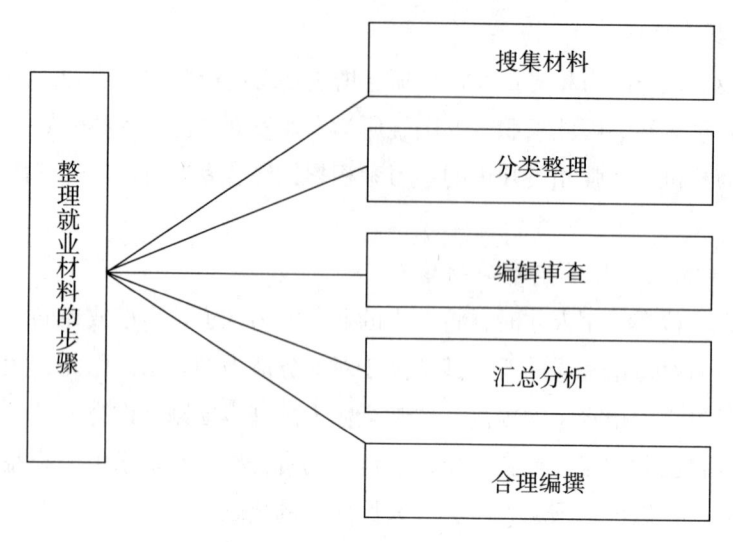

图6-3　整理就业材料的步骤

2. 分类整理

一般将搜集到的众多原始材料按个人简历性材料、专业学习材料、特长爱好材料、社会实践材料、奖励评论性材料等进行细分。

3. 编辑审查

对分类后的材料进行汇总编辑，检查是否有遗漏。材料含糊甚至与实际情况有出入的，要撤掉或修补。

4. 汇总分析

把同类型的材料集中起来，然后对材料的使用价值进行自我分析评估，最后再把材料依其价值评分，分清主次，逐一罗列出来。

5. 合理编撰

根据应聘目标的具体情况，合理取舍，有机组合，充分体现择业者的优势与特长。

（二）就业材料的封面

简历封面相当于一个人的脸面，反映了求职者的喜好和素养，展示了其认真、专业的态度。设计出一份具有个人特色的简历封面，会格外引人注目。

1. 内容

封面内容要简单明了，一般要包括大学生的基本情况，如学校名称、专业名称、学历、姓名、性别、联系方式、地址。应突出重要信息，如自己的学校非常著名，那就可以在显要的位置写上自己学校的校名，或者放上学校的校徽等。

2. 适度包装

为了让自己在众多的求职毕业生中脱颖而出，吸引招聘单位的注意力，加大自己的求职砝码，近年来一些毕业生在制作求职材料时出奇，出新，以吸引单位招聘的青睐。需要注意的是，封面的设计可以丰富多彩，但其基本原则是美观、大方、醒目、整洁。

（三）个人简历表

简历，就是反应求职者个人的简要经历的文件，也可以说是一个人生活、学习、工作经历与成绩的概括总结。简历提供给阅读者的信息应该是全面而直接的。用人单位从求职者的简历中，能够看出他的业绩、能力、性格、经验方面的综合表现，是用人单位对求职者进行分析、比较、筛选，最终决定录用的主要依据。

1. 个人简历的类型

大学毕业生在求职时，如果能在不同的时间、场合用上类型合适的简历，将能收到意想不到的结果。这里介绍几种大学毕业生常会用到的个人简历类型。

（1）时间型简历

这种简历强调求职者的工作经历，大多数应届大学毕业生都没有参加过工作，更谈不上工作经历了，所以这种类型的简历不适合大学毕业生使用。

（2）专业型简历

这种简历强调求职者的专业、技术技能，也比较适用于大学毕业生。

（3）业绩型简历

这种简历强调求职者在以前的工作中取得过什么成就、业绩，对于没有工作经历的应届大学毕业生来说，这种类型也不适合。

（4）功能型简历

这种简历强调求职者的能力和特长，不注重工作经历，因此对大学毕业生来说是比较理想的简历类型。

（5）创意型简历

这种简历强调与众不同的个性和标新立异，目的是表现求职者的创造力和想象力。不过，这种类型的简历不是每个人都适用。

2. 个人简历表的基本内容

个人简历表一般由以下几部分组成。

（1）标题

一般为"简历""个人简历"或"求职简历"。

（2）个人基本信息

主要包括姓名、性别、出生年月、民族、政治面貌、家庭住址、邮政编码、联系方式、电子信箱等有关信息。

（3）求职意向

表达自己愿意从事的职业和可以胜任的工作。

（4）教育背景

按时间顺序列明大学期间的主要课程、研究项目、个人进修或培训的单位、专业和时间。

（5）实习工作经历

适当介绍单位情况，按时间顺序列出单位的部门和科室，简述工作期间

第六章　"双创"人才培养视阈下大学生就业能力的发展探索

的工作职务、职责及离任时间，应该突出取得的成绩和收获，从工作中学到的技能和素质等。这部分内容的写作技巧如下：

第一，采用问题描述、采取的行动、工作业绩的框架来描述，也就是工作的目标、内容、所扮演的角色、工作业绩等。

第二，工作成绩要用数字来体现，尽量具体化，不要使用"许多""大概"等。我们常接触的数字包括成本、收入、预算等钱的因素，也包括提高时间效率、规模数量等。

第三，将看上去"含金量"不高的内容，尝试用相关的专业术语来描述。如在药业公司收钱和记账，可以写成"负责现金收支项目的管理与账目申报工作"。

（6）社会实践和课外活动

这是简历的主体部分、核心。近年来，越来越多的用人单位希望招聘到具备一定应变能力、能够从事各种不同性质工作的大学生。学生干部和具备一定实际工作能力、管理能力的毕业生颇受用人单位的青睐。

（7）所获荣誉

在××学年获得××级别的奖学金、三好学生、优秀学生、优秀学生干部等；如果能把获奖难度以数字或获奖范围来表示，可以突出奖项的含金量。对于大量性质、级别类似的奖励，可以分门别类地描述。

（8）其他个人兴趣爱好

一般不要罗列太多，因为在很多方面都优秀的人毕竟是少数。个人兴趣爱好要具体，不能只写"音乐、读书、运动"等概括性的词汇。最好写能够体现你的某种素质和能力的兴趣爱好，如球类运动能体现团队协作精神；棋类运动能体现思维缜密、逻辑性强，具有战略意识；演讲和辩论能反映人的沟通和表达能力。

3. 制作个人简历的要求

大学毕业生在制作个人简历时，需要遵守一定的要求，具体有以下几个要求。

（1）要结合岗位特点体现自己的个性

不同的岗位对求职者有着不同的要求，因此大学毕业生在制作自己的个人简历时要注意岗位的特点，并注意根据岗位的特点对自己的个性进行恰当展示。

（2）主题鲜明，条理清晰

一份较好的个人简历，必须中心突出，主题鲜明，条理清晰。而且，整个简历都要围绕一个主题，主要的可以多写些，次要的可以少写或者不写。

（3）避免错误

在个人简历中，如果基本汉字或表达语法出现错误，那么用人单位会认为求职者连最基础的知识都不具备。因此，在制作个人简历时绝对不能出现错误。个人简历制作完后，请同学、友人或老师帮忙看一下是非常有效的办法。

4. 按顺序进行装订

大学生在装订自己的就业材料时，要按照资料的重要顺序来进行装订，最常见的装订顺序是：封面、求职信、个人简历、大学生就业推荐表、在校期间学习成绩单、其他证明材料（包括各种证书复印件、各种作品或研究成果复印件等）。同时，在装订时要特别注意以下几个方面：

第一，就业材料中所有纸张应该整洁，干净。

第二，就业材料中所有纸张大小应该一致。

第三，就业材料的封面及所有材料切忌歪斜。

第四，就业材料中字体应该一致，排版时行间距应该一致。

第五，就业材料在装入透明文件夹时切忌损坏，否则会影响就业材料的美观。

第六，切忌用松动的透明文件夹，以免就业材料脱落，造成散页、掉页。

第三节　大学生求职实践

一、择业笔试的应对策略

笔试是招聘单位采用书面形式对应聘者进行考查和评估的一种测试形式，是高校毕业生求职应聘的一个重要环节。笔试考查范围一般包括基本知识、专业知识、文化素养和心理健康等，实际是考察应考者的综合素质。由于笔试成绩具有真实、客观、公正及便于排序等特点，所以笔试是各类招聘单位所普遍使用的考查方式。熟悉和了解求职中的笔试环节对毕业生来说十分必要。

（一）笔试的形式

从考试的方式上看，笔试可以分为现场集中答题和远程在线答题；还可以分为开卷考试和闭卷考试。

1. 公务员招聘的笔试形式

省级、市（地）级、县（区）级公务员考试的笔试与国家考试形式基本一致，具体要求还需报考者认真阅读其招聘公告。各个地方的考试科目为地方自拟，有意报考地方公务员考试的毕业生要注意查阅当地政府公布的招考简章，以便有针对性地进行复习。

2. 事业单位招聘的笔试形式

事业单位考试又称事业编制考试，这项工作由各用人单位的人事部门委托省级和市、地级的人事厅局所属人事考试中心命题和组织报名、考试，并交用人单位成绩名单，部分单位自行命题组织实施。目前尚无全国统一招考，省级、市（地）级、县（区）级各个单位统一招考，一般规模大的采取网络报名的方式，人数少则采取现场报名的方式。招考公告一般情况下发布在省级、市（地）级、县（区）级的人事厅局所属的人事考试中心的网站上，笔试和面试分数基本上各占一半，有些地区笔试与面试成绩比为4∶6，一般无最低分数线，按分数从高到低择优录取。①

3. 企业招聘的笔试形式

企业招聘的笔试形式较为多样化，笔试程序有现场集中笔试的，也有远程在线答题的；考查类型有闭卷考试的，也有采取开卷形式的；笔试时间由企业灵活安排；笔试的内容、各部分所占权重以及计分和晋级规则等，均由招聘企业设计安排。但部分行业和一些成熟企业会依据多年招聘经验而形成较为规范的笔试形式，毕业生们需要关注相关行业和企业在往年招聘中的笔试形式。

（二）笔试的准备

1. 储备应考知识
（1）注重提升综合素质

无论公务员考试、事业单位考试还是企业招聘考试，其笔试都是一种能力测试，考生应注重平时的知识积累和综合素质的提高。

平时的学习和积累，毕业生可以从以下方面做准备。强化基础知识熟练程度，在学习过程中促进专业知识体系的形成。毕业生们可以利用外语和计算机技能获取更多的信息，注重在学习过程中将专业知识融会贯通，不断地

---

① 姜相志，吴玮. 新编大学生就业指导[M]. 哈尔滨：哈尔滨工程大学出版社，1999.

第六章 "双创"人才培养视阈下大学生就业能力的发展探索

提升自己的综合素质。

（2）熟练掌握考试技能

先易后难，先简后繁。笔试题型多，内容多，又要限时，必须合理安排答题时间。了解题目类型、难易程度、分数多少，根据先易后难、先简后繁的原则确定答题步骤。

2. 安排考务行程

除了对笔试形式和内容做到细致的了解外，应聘者还应充分重视准备考务文具及关注考试时间、地点，安排考务行程。

应考者还需规划好考试行程。如果考试地点在当地，一般情况下考试当天通往考点的道路通行压力增大，公共交通压力增大，考生需较平常提早出发。如果考试地点在异地，则应注意安排好长途客运时刻及异地住宿，以确保按时从容地参加考试。

二、择业面试的应对策略

面试是招聘单位以当面交谈的方式对应聘者进行考察的形式。面试是招聘单位直观地了解应聘者求职动机、就业意向、表达能力等的有效方式，同时也是应聘者向招聘单位详细了解就业环境、工作内容、福利待遇等的宝贵时机。面试是招聘过程中具有决定性的环节，应聘者的面试表现往往是招聘单位做出决定的重要依据。本节将介绍面试的形式与内容、面试的准备和面试的应对策略，以帮助应届毕业生在面试中脱颖而出。

（一）面试的准备

求职面试时，大多数面试考官会要求应聘者做一个自我介绍，一方面以此了解应聘者的大概情况，另一方面考察应聘者的口才、应变和心理承受能力、逻辑思维能力等。千万不要小视这个自我介绍，它既是打动面试考官的敲门砖，也是推销自己的极好机会，因此一定要好好把握。

面试交谈完毕，要礼貌起身。起立的动作最重要的是稳重、安静、自然，尽量不发出任何声音。入座通常由左边进入座位，起立时也由左边退出。

另外，求职面试准备中不可忽视的还有衣着装扮。大方得体的面试着装，可使毕业生们在面试时更有信心。准备服装时应首先考虑应聘单位的性质及应聘的职位。如果应聘单位规定穿制服的话，可以准备整洁大方的套装；如果是网络公司的话，可以着便装；如果应聘销售、公关等职位的话，穿深色或灰色的套装会比较合适。服装问题应该在面试前一天晚上就决定，并准备好。

（二）面试的应对方法

随着社会的发展，人类文明程度越来越高，许多企业都越来越重视企业文化和企业形象，所以企业在招聘人才时都比较重视应聘者的礼仪和风度，并且一个人的礼仪和风度也可反映出一个人的素质高低。

1. 注意基本礼节

（1）准时赴约。守时是职业道德的一个基本要求，从中还可以看出你的信用程度。面试者最好在通知面试时间之前10分钟到达面试会场，过早到达或迟到都不好，因为从求职者到达面试会场的时间可看出其对时间的管理观念。如果临时发生不可抗拒的意外情况不能按时赴约，应及时通知用人单位，并表示歉意。

（2）礼貌通报。进门前，一定要有礼貌地通报负责面试的人员，如果门关着，应先轻轻敲门，得到许可后方可进入面试室。如果主试人安排你在某处等待，则要听从安排，耐心等待。

（3）正确招呼。进入面试室后，主试人就会开始考察你，即可视为面试的开始。你首先就要注意有礼貌地和主试人打招呼，可点头微笑，也可问候，如"上午好""下午好""各位领导好"等，如果知道对方的姓氏和职务，也可采用姓氏加职务的称呼形式和对方打招呼。如"刘总，你好!""李处长，下午好！"等。如果主试人没有主动与你握手，就不要自作多情去握手。

（4）谈吐文明。

要注意讲话的语调、声音的高低、语速等。

谈话时做到真诚、乐观、热情、大方，要条理清楚，不卑不亢，不可用自负的方式和语气说话，话不要说过头，当然，也不必太谦虚。

不要随便打断对方的话，必要时，先说声"对不起，我想打断您一下"，然后再插话。

不要轻易反驳，要不时点头表示赞同。

讲话时不可有太多的手势或口头禅，让人看了或听了不舒服，谈话中更不可出现不文明的词语。

讲话时普通话力求标准，最好不用方言，若是涉外单位，要做好用外语面试的准备。

（5）适时告辞。当主考人员示意面试结束时，应微笑起立，感谢用人单位给予你面试的机会，然后道"再见"。如果招聘方对面试的时间没有硬性规定，应聘人员也要掌握面试时间的长短，觉察面试高潮已过，应聘人就要把该说的话说完，要站起身来，微笑道别。社交中有一条秘诀：长谈一次不如多见几次面。

2. 正确运用表情和姿态

（1）目光。"眼睛是心灵的窗户。"在面试过程中，应与主试人员保持视线的接触，这是交流的需要，是一种有礼貌的表现，也是应聘人员自信的表现。在面试过程中，要保持目光自然、轻松、柔和，并和对方交流，传达出你的真实思想。

（2）微笑。"微笑是最好的通行证。"面试时要善于微笑。

（3）体姿。一个人的姿态常能反映内在修养和气质，在面试过程中，应注意运用体姿来传递信息，给主试人留下一个良好印象。体姿主要包括行姿、站姿和坐姿三种。古人的说法是：行如风，站如松，坐如钟。

行姿。当你走进面试办公室时，主考官首先就会看到你的走路姿势。行姿的要求是：抬头，挺胸，两眼平视，脚步轻松而平稳，步频和步幅要适度。双脚应正对前方，不要走"内八字"或"外八字"。

站姿。当你走近主试官和面试结束后离开时，都会呈现一会儿站立的姿势，站姿的要求是正、直。要挺胸，收腹，略微收臀，平肩，两眼平视，两手下垂（若一手拿包，则另一手要自然下垂），不要两手叉腰，不能两手插入口袋或把双手交握在背面，也不能双手抱在胸前。

坐姿。当你坐下交谈时，坐姿便映入主考官的眼帘。正确的坐姿应是"坐如钟"，即要像钟那样端正，即上身坐直，腰背稍靠椅背，双膝并拢，两腿自然弯曲，两脚平落地面。手放在膝上或椅子扶手上，掌心向下，落座和起座都要轻而缓。女应试者若着裙装，落座时应用手理一下裙边，把裙子后片向前拢一下。

3. 倾听的技巧

倾听是交流中一种重要的技巧。在面试中倾听主试者谈话时要做到以下几点：一是目光要专注，并不时地与之进行目光交流，要让自己的视线停留在对方鼻以下、胸以上的范围内。二是面带微笑，用点头来对主试者的谈话做出反应，并适时说些简短而肯定对方的话语，如"对""可以""是的"等等。三是身体要稍稍前倾，手脚不要随便动。四是偶做笔记，一方面可记下一些重要的内容，另一方面会让对方觉得受重视。五是边倾听边思考，待对方说完后，立即提问，这样可显示你思维敏捷，并且重视对方的谈话内容，可给主试者留下深刻而良好的印象。

4. 语言表达的技巧

在语言表达方面要做到两点：一是表达清楚准确，通俗易懂；二是语言动听，富有真实感和吸引力。应聘者在面试谈话中要注意掌握以下几种语言表达技巧：

（1）简明扼要。抓住要点，简单明了，是参加面试的第一个重要技巧，也可在主试者心目中留下一个思维清晰、办事干练的印象。

（2）通俗朴实。所谓"大巧若拙"，在面试中语言一定要通俗易懂，不要卖弄文采，弄得文绉绉、酸溜溜的，既让人不明白，又让人反感。另外，说话要实在，不要夸夸其谈，把话说得太过头，会给人造成华而不实、浮躁的坏印象。

（3）生动幽默。幽默是人际交往中最佳的润滑剂。用生动幽默的语言营造融洽和活跃的谈话气氛，可为你的面试大大地加分。

（4）注意语调、语速、音量。要注意语调和谈话内容相配合，该升时升，该降时降。语速要适中，既不能像打机关枪，也不能慢条斯理，而应该不快不慢。音量要适中，要根据你和主试者的距离决定音量大小，以每个招聘者都能听清你的讲话为原则。

（5）适当运用手势。在谈话过程中适当运用手势可加强语言的感染力，加深印象，但手势幅度不宜过大，手势要简练，不要太频繁。

5. 问答技巧

问答技巧包括应答技巧和提问技巧两方面。

（1）应答技巧

审清题意，先思考再回答。弄清楚对方究竟问的是什么问题，容许自己思考片刻，组织谈话要点，再从容作答。不要答非所问，慌慌张张，语无伦次。

先说论点再说论据，注意谈话的逻辑性。首先提出你对问题的基本观点，然后再逐一用资料论证、解释。也可用第一、第二……的方式说明基本论点，在每个论点后面紧接着陈述论据。这样既有利于应试者自己组织材料，又显得头脑清晰。

正确举例，具体量化，强调成果。在回答问题时不要空谈，要注意讲自己曾做过的具体实例。只要有可能，要用数字来描述你做过的具体事情，如你在大学期间X次被评为三好学生，发表了×篇论文等。

扬长避短，显示潜力。每个人都有自己的长处和短处。而现在的用人观念是：用人如用器，各取所长。许多公司都喜欢有个性、有特长的人，如果他们欣赏你的长处，也就可以接受你的短处，甚至会忽略你的短处。大学毕业生在应聘时要注意强调自己的长处，通过一些事例、材料向对方证明自己的长处，而谈到短处时，注意适当避开。如你的性格有些内向，活动能力不强，但功课成绩好，在专业技术方面有特长，当对方问到你的性格特征时，你可先坦率承认自己性格有些内向，但你马上可把话题转到内向型性格的人有耐心，有韧性，做技术工作常常比较出色，而自己正是在专业技术方面有特长，大学期间得过××奖，发表过×篇论文等，这样你的性格内向的弱势可自然地转移到擅长做技术工作的强势上来，对方可能会因此而欣赏你的内向性格。

遇到不便回答的问题可以拒绝回答。有的主试者出于某些特殊工作的要求，或是出于其他原因，可能会提出一些棘手的问题。出现这种问题时，不要支支吾吾，含糊其辞，而应直截了当地说："对不起，我不愿回答这个问题。"这样反而能显示出你的魄力和果敢精神。

（2）提问技巧

巧妙地双向沟通。如针对主试人的谈话内容进行提问，提一些主试人感兴趣的问题等，不要提一些使对方尴尬的问题，不要提一些莫名其妙的问题。

把握提问的时间。要把不同的问题安排在谈话进程中的不同阶段提出。

注意提问的方式和语气。有些问题，可以直截了当地提出来，如用人单位的人员结构、岗位设置等，有些问题则要婉转、含蓄、间接地提出来，如用人单位的薪水情况等。提问的语气要诚挚，谦逊，不能让对方感觉你在质问他。

注意提问的内容。问题要围绕应聘单位和职位而展开，回避敏感问题，如工资、福利等，不提幼稚的问题，不提刁钻的问题。

考虑提问的对象。面试前要弄清主试者的职务，要提一些适合对方回答的问题。如果对方是公司的老总，你可提一些公司发展前景方面的问题；如果对方是人事部经理，则可提有关组织机构和岗位职责等方面的问题。

三、考察考核的应对策略

招聘中的考察考核，是指招聘单位依据相关条件、标准和程序，对拟聘用人员进行的专门性的考察和评价。考察考核有利于招聘单位全面客观地了解应聘者，为录用后的依特长定岗提供依据。

第六章 "双创"人才培养视阈下大学生就业能力的发展探索

（一）考察考核的方式

招聘单位对应聘者的考察考核方式一般有两种：定向考察考核和情境考察考核。

（1）定向考察考核，即招聘单位到应聘者所在大学相关部门细致地了解应聘者的情况，包括核实应聘者的学习成绩、各种奖项和证书、证明材料等，并通过和任课教师、辅导员及同学交谈，了解应聘者的品行、人际关系、组织协调能力、应变能力、身心健康状况等。

（2）情境考察考核，即招聘单位把应聘者分成若干个小组，通过小组讨论或完成某一特定任务对应聘者进行考察考核。

（二）考察考核的内容

1. 学习能力

对应聘者的学习能力的考察，可以从德智体美劳五方面进行。德，评价该生是否具有良好的道德品质和正确的政治观念；智，评价该生是否具有系统的科学文化知识、专业技能；体，评价该生是否具有健康的体质；美，评价该生的审美观、鉴赏和创造美的能力；劳，评价该生的劳动观念和劳动技能。

2. 实践能力

应聘者的实践能力由基本社会实践能力和专业社会实践能力构成，基本社会实践能力包括认知能力、表达能力、人际交往能力、组织管理能力、自主学习能力、一定的外语和计算机应用能力，专业社会实践能力包括专业操作能力、分析和解决问题的能力、开拓和创新的能力。招聘单位对应聘者实践能力的考察主要从以上方面进行。①

---

① 刘新玲，等.大学生就业导航[M].厦门：厦门大学出版社，2000.

3. 团队协作能力

团队协作能力，是指建立在团队基础上，发挥团队精神、互补互助以达到团队最大工作效率的能力。对于团队成员来说，不仅要有个人能力，也需要有在不同位置上各尽所能、与其他成员协调配合的能力。团队协作能力是招聘单位考察应聘者的重要方面之一。

（三）考察考核的原则

考察考核作为招聘单位录用的环节之一，事关招聘过程的严谨高效和招聘效果的优质。在考察考核过程中应遵循以下原则：

（1）考用结合的原则。招聘单位对拟聘用者的考核结果，事关该应聘者被录用后的岗位分配、培训和待遇等，应聘者的考察考核结果对招聘单位具有重要意义。

（2）客观、公正、公开的原则。客观即实事求是地对应聘者做出评价，全面反映其学习和实践能力，避免主观性；公正即对应聘者的考察考核遵循相关规定的程序；公开即招聘单位对考察考核的目的、内容和标准等，能够公开程序，广泛接受质疑。

（3）全面考察和重点考察相结合的原则。全面考察即对应届生应聘者的德智体美劳等方面逐一考察。重点考察即在全面考察的基础上，着重考察某方面或某些能力。

（四）考察考核的准备

应届毕业生往往不具备直接进行业务操作的能力，基本上都要经过系统培训，所以学习能力和求知欲是重点考查内容，很多企业都坚持这一原则。

1. 准备身份证信息、学历证书和专业资质证明

目前，社会上存在一些假证书、假文凭，尽管应聘者提供了学历证书，招聘单位还是需通过官方的手段进行核实，才能确保真实。应聘者应提前与

毕业院校学籍档案管理方面沟通，支付自费的查询和复印、邮寄费用，以保证能够及时提供准确的毕业信息给招聘单位。及时向招聘单位提供专业资质的相关信息，以便招聘单位到相关的专业认证网站上查询，如律师资格证、会计资格证、工程建造证等都有相关的专业查询网站。

2. 准备社会实践证明

为保证调查的可靠性，招聘单位一般会通过应聘者参与实践或供职过的单位的负责人来了解应聘者的社会实践及工作情况。应聘者最好提前与实习单位的负责人做好沟通，请相关负责人在接到查询要求时，如实说明相关情况，如任职时间、任职岗位、离职原因、品行评定及奖惩状况等。

（五）考察考核的应对策略

1. 考察考核的一般流程

考察考核有两种方式，应聘者参与的主要是情境考察考核。这里着重介绍情境考察考核的一般流程。

在情境考察考核中，招聘单位将应聘者分成若干个小组，通过小组讨论或者完成某一特定任务对应聘者进行考察考核。地点一般为能够容纳多人的会议室。在考察考核开始前，主持人会向应聘者宣读将要讨论的题目，并说明发言规则，同时回答应聘者的提问。所有事项交代清楚之后，应聘者开始自由讨论。讨论结束之后，按照预定的发言规则进行发言。考官在全过程中既可以旁观应聘者的表现，也可以直接切入应聘者的发言，与其互动沟通。

在情境考察考核中，招聘单位通过自由讨论环节考察应聘者的团队合作能力、领导协调能力及语言表达能力等。

2. 考察考核的应试技巧

（1）发言积极主动

在考察考核过程中，应聘者的发言内容、发言时机、应对辩驳时的反应能力及倾听别人观点时的态度等都能表现出其性格和教养，所以在考察考核过程中应注意涵养，发表观点时应该目光专注，避免下意识的小动作，避免因对对方观点不认同而不屑一顾。在互动讨论中应沉着应对，言辞恰当，既要以理服人，又要充分客观地与其他应聘者交换意见，避免表现出自命清高、装腔作势。①

（2）抓住重点、言简意赅

针对讨论题目，要深入思考，全面分析，提炼出发言的主要内容，并条理清晰地从多方面分析问题，论证观点。发言态度要诚恳，对于其他应聘者提出的反对意见，可以深入交换意见，分享彼此的观点。

（3）注意发言技巧

在考察考核过程中，当遇到其他应聘者提出不同观点时，要注意发言技巧，巧妙地提出不同意见。可以先肯定对方的说法，再做转折，而后予以否定。切记不要在对方情绪激动的时候力图使他改变观点，因为在情绪激动时，情感多于理智，过于逼迫反而使其更加坚持原有观点。

第四节 大学生求职权益保护

大学生在就业创业过程中，遭受伤害的事件层出不穷。究其原因，是大学生缺乏规避风险的意识，对就业创业相关的政策法规不够了解。因此，大学生必须学习掌握相关的政策法规，以维护自己的合法权益。

---

① 钱建国. 大学毕业生就业指南[M]. 武汉：武汉大学出版社，1999.

第六章 "双创"人才培养视阈下大学生就业能力的发展探索

一、就业协议书的签订

（1）学校为每一位毕业生提供一套统一编号的协议书（复印无效）。

（2）协议书由学生本人如实填写，院系负责人认真把关并填写推荐意见。

（3）毕业生如实向用人单位介绍自己的情况，了解单位的用人意图，表明自己的就业意见。

（4）用人单位和毕业生双方协商，同意签写协议后，毕业生填写应聘意见，用人单位签字盖章并报用人单位上级主管部门签章同意。用人单位和用人单位上级主管部门签字盖章以后，由毕业生所在院、系填写意见，报学校审核。一经学校签字盖章，协议书立即生效。用人单位、毕业生、学校三方如另有约定，在备注栏注明。

（5）就业协议书签订之后，学校列入就业计划，报上级主管部门备案，学校负责办理派遣手续。

（6）三方都应严格履行协议，若有一方提出变更协议，须征得另两方同意，否则由违约方承担违约责任，向另两方交纳违约金。

二、解除就业协议

就业协议的解除分为两种情形：一是单方解除，即单方擅自解除协议，属违约行为，解约方应对另两方承担违约责任。二是双方解除，指毕业生、用人单位经协商一致，取消原订立的协议，使协议不发生法律效力。此类解除双方均不承担法律责任，但须征得学校同意。

国家为维护广大毕业生的利益，要求用人单位维护毕业生就业计划的严肃性，就业计划一经形成，用人单位不得拒收毕业生，否则按违约处理，用人单位应缴纳违约金，并给毕业生一定的经济赔偿。同样也要求毕业生不能违约，毕业生只能与一个用人单位签订就业协议书，并严格履行协议。毕业生违约，本人应承担违约责任，向学校和用人单位支付违约金。[①]

如果毕业生与用人单位对就业协议发生争议，其解决的办法如下：

（1）毕业生与用人单位协商解决。

（2）由学校出面与用人单位协商解决。

（3）请求当地省级主管毕业生就业工作的部门协商解决。

（4）协商解决不成的，毕业生可以直接向人民法院起诉，通过法律程序解决。

三、毕业生的改派

毕业生签订了工作单位，在学校领取了报到证，而后又找到了新的工作单位，要到新单位工作，必须进行改派。其改派的程序如下：

（1）原单位同意改派的公函（简称退函）。

（2）新单位同意接收的公函（简称接收函），如新单位无人事管理权，接收公函必须加盖上级主管部门的公章。

（3）本人的改派申请（写明申请事由、承担违约责任等），连同退函、接收函一并报学校审批。

（4）学校同意改派的，由学校报上级主管部门批准后办理改派手续。

[①] 李范成. 高校大学生就业指导问题研究[M]. 哈尔滨：哈尔滨工程大学出版社，2016.

第七章 "双创"人才培养视阈下大学生创业的路径分析

大学生创新创业虽然是一个经久不衰的话题，然而想要真正实现还是困难重重。在大学生进行创业之前，需要很多的铺垫工作，只有这些工作能够落实，才能对大学生创新创业有所助益。对于大学生创业而言，首先高校需要对创业教育模式、体系进行完善，进而构建创新创业人才培养模式的课程与实践体系，更新创新创业教育的模式与方式，并建设创新创业人才培养模式的评价体系。

第一节　完善我国高校创业教育模式与体系

高校开展了形式多样、内容丰富的创业教育，大力扶持那些掌握创新知识的大学生进行创业，从多方面入手。

一、提升大学生对创新创业认识的战略高度

提升大学生对创新创业认识的战略高度，是学业规划、职业规划的关键。鼓励和引导大学生将创业精神培养、创业技能学习提升到为社会创造物质财富、精神财富和实现自我价值的高度，大学生要主动加强创新创业意识的培养。创新创业教育不是针对有创业想法学生的教育，不是对少数人的教育。创新创业教育是培养符合时代要求的、具有较高综合素质和能力人才的助推器。在教学过程中，创新创业教育以某一门课程的形式出现，但是创业教育的思想已经渗透贯穿到高等教育的全过程中，作为大学生要顺应时代发展的要求，主动积极参与创新创业教育。

二、激发和利用社会资源

激发和利用社会资源，为大学生创新创业提供服务保障，培养一支专业化的教师队伍。优秀的师资队伍是培养大学生创业精神品质的前提，优秀的导师是创新创业人才培养的重要保障。在创新创业教师队伍建设过程中，要善于开发挖掘社会资源，聘请已经成功的企业家或创业者来担任大学生创新创业实践导师，这样可以让大学生更直接地学习到创业者的经验，也可以直接利用和借

助实践导师自身的资源帮助大学生顺利开展创新创业活动。社会资源具有较好的灵活性和追求经济性的特点，可以更好地保证创新创业教育的有效实施，把大学生培养成勇于探索创新、能够创新创业的复合型人才。[①]

三、搭建实践活动平台

搭建实践活动平台，提升大学生创新创业实践动手能力。创新创业能力包括创新创业基本技能、专业知识技术、经营管理能力、社会实践能力等，其中实践是关键。只有把教育教学过程中学到的理论知识通过形式多样的、具体的课外活动，尤其是通过反复的社会实践活动加以体会感受，才能使学生形成感性的认识，真正提高创新创业能力。

高等学校应在学生自身特点基础上，积极搭建符合实际的实践活动平台，增加实验和实践时间，培养学生发现问题、分析问题和自己动手解决问题的能力。一方面学校要积极创建创新创业实践基地，为学生提供创新创业实践的机会。更重要的是大学生要积极、热情地参与到创新创业活动中，甚至可以直接去新创企业学习和体会，直面市场的检验。

四、制定和落实政策

制定和落实政策，鼓励、支持和帮助大学生从事创新创业实践活动，开办创业企业。习近平新时代中国特色社会主义思想，党的十九大和十九届二中、三中全会精神分别对创新创业进行过重要表述，明确要求坚持新发展理

[①] 张光伏.大学生创新创业能力培育策略探讨[J].产业与科技论坛，2022，21（1）：120-121.

念，坚持以供给侧结构性改革为主线，按照高质量发展要求，深入实施创新驱动发展战略，通过打造"双创"升级版，进一步优化创新创业环境，大幅降低创新创业成本，提升创业带动就业能力，增强科技创新引领作用，提升支撑平台服务能力，推动形成线上线下结合、产学研用协同、大中小企业融合的创新创业格局，为加快培育发展新动能、实现更充分就业和经济高质量发展提供坚实保障。各级政府和高等学校也制定了更多政策、制度落实中央精神，作为大学生要响应国家号召，投身到创新创业活动中，成为时代弄潮儿。

第二节　构建创新创业人才培养模式的课程与实践体系

一、建立创新创业教育基本模式

创新创业教育是对高校人才培养模式的探索，是高等教育主动响应时代呼唤的应对。通过新建大学生创新创业实践基地、开设众创空间、举办创新创业大赛、搭建各种实践平台，创新创业教育改革取得显著成效。

一是实现了从就业从业教育到创新创业教育观念认识的转变，目前形成了以创新引领创业、以创业带动就业的运行模式，极大地提升了大学生就业创业的质量。

二是实现了高等人才培养机制的转变，打破学科限制、专业限制、学校限制，努力实现多学科交叉融合、跨学科教育学习、校内外协同合作的合作育人模式。

二、借鉴国内名校创新创业人才培养实践经验

（一）清华大学：打造教育联盟，从课程改革推动创新创业

"创新创业，基础在于教育，关键在于人才。"清华大学对学生创新创

业给予了极大支持。首先在教学方面，学校推进创意、创新、创业"三位一体、三创融合"的高层次创新创业教学体系建设。清华大学为创新创业学生制订了全新的课程培养方案，对参与创新创业学生，打破院系间壁垒，提供跨学科的专业选修，并设计了专业学位课程，包括互联网金融创业本科生辅修专业、技术创新创业本科生辅修课程以及TSBI交叉创新研究生学位课程，学生在通过专业课程的进修后还可以获得专业学位。[①]

（1）形成"创新—创意—创业"的三创平台

创客空间是2010年由学生自发创办的学生社团，致力于让更多的师生理解科技与艺术，爱上创新与创造。i.Center是由清华基础工业训练中心与校内各院系和校外合作单位联合成立，主要开展工程训练实践、挑战式课程、创新创业系列课程。X-Lab是清华大学新型创意创新创业人才发现和培养的教育平台，简称"三创空间"。清华通过课程设计与平台建设共同推动创新创业的人才培养。

（2）创客空间——跨界激发更高层次

创客空间是专门为学校的创客提供创新创业培育孵化的基地，也是目前全球最大的校园创客空间。制造的过程会变得更加简单，想法变为产品会变得更为容易。创新创业从教育到实践已经引起更多学生的兴趣、关注并投入实践。

（二）湖南大学：多举措做好大学生创新创业教育工作

湖南大学始终坚持以改革带动创新，大力推进大学生创新创业教育。聚焦顶层设计，出台《本科生创新创业教育实施方案》，成立由校长任组长，分管教学、就业工作的校领导为副组长，教务、就业、学工、团委等部门一把手参加的领导小组。结合学校综合改革，制定了七个方面的改革举措，构建起涵盖课程、虚拟创业学院、导师队伍、学分学制、实践训练、文化氛围

[①] 张海燕."互联网+"大赛背景下大学生创新创业培养研究[J]. 现代交际，2021（23）：75-77.

的创新创业教育体系。

（1）融入教学体系。深化以学生为本的人才培养改革，适当减少课堂教学时间，鼓励学生自主学习、创新学习。建设创新创业教育必修课程——"心理素质与生涯发展"课程；增开创新创业教育通识课和选修课，根据专业要求纳入学分管理。成立由25名优秀教师组成的虚拟教研室，全国高校慕课一等奖课程"创业基础"面向全校本科生开放并纳入学分管理；通过大数据分析，建设在线学习云平台，线上线下学习创业。

（2）搭建实践平台。依靠学校"两山一湖"创设坊、工程训练中心、国家级大学科技园，为大学生创新创业提供政策保障、基金保障和孵化保障。通过公益创业教育、在校大学生创业孵化计划、工程训练创新创业实践计划、校企合作创新创业育人计划，培养出300余支创新创业实践学生团队，并涌现出一批优秀人才。

第三节 更新创新创业教育的模式与方法

一、建立高校–企业协同培养模式

开展校企合作，是创业教育的必要模式。高校要与企业密切合作，共建创新创业支持平台，共建创新创业基金。

（1）鼓励学生走进企业，增加大学生参与企业运行的实践机会，了解企业的运作模式和流程，亲身感受企业经营管理。大学生要从企业独特经营理念、运行制度规范、企业价值文化、服务理念等方面有更多真实的体验。

（2）鼓励教师走进企业，把创业教育与创业实践活动结合起来，利用校企合作的便利，共同进行创新创业教育师资培养，提高教师队伍的整体水平。

二、多方联动，在全社会营造创新创业氛围

（1）中央政府出台鼓励政策，地方政府建立相应的激励落实政策制度，成立形式多样的创新创业社团和创客空间。

（2）政府和学校要建立专门的大学生创新创业实践"创业园"，在资金和政策上予以扶持。

（3）举办各类创新创业大赛，推动优秀项目落地实施，激发和调动学生创新创业热情，让创新创业的理念植入思想深处，让思想的力量发挥更大的作用。

三、实现资源整合，推动双创高效发展

创新创业教育处于松散状态，本就不充裕的资源没有得到有效整合利用。高校应加强合作与互动，形成高效的创新创业教育系统。

（1）高校之间应整合利用学科资源、创客空间和政策资源，在主管部门协调领导下，加强合作沟通与交流，构建覆盖所有学生、涉及整个大学期间的创业教育体系。[1]

（2）在线上强调"走出去和引进来"的战略思路，同知名企业展开交流，引入更多企业资源。

（3）在线下融入先进管理知识和理念，在教学内容设计与开发过程中及

---

[1] 蒋欣.大学生创新创业之高校服务体系优化研究[D].徐州：中国矿业大学，2021.

时迭代更新。

（4）根据学生不同的创业意愿与倾向，进行个性化教育，避免"平铺直叙式"教学方法，保证学生的学习兴趣，不断提升创业课程的针对性和有效性。

四、推进创新创业教育和专业教育的深度交叉融合

很多高校成立了创新创业学院，但是并未在很大程度上调动广大专业教师的积极参与，创新创业教育与专业教育仍处于割裂的境地。未来创新创业教育的发展必须尝试探寻与专业教育的有效融合：

（1）推进创新创业教育与专业教育目标融合。把创新思维、创新精神、创业意识和创业能力的培养纳入专业教育的目标体系中，成为专业人才评价的重要指标。

（2）推进课程体系的融合。一方面要加强有关创新创业意识与思维培养的通识课程，另一方面大力推进需求导向、学科交叉等具有专业特点的创新创业课程建设。针对大学生创新创业实践中的切实需求提供相关的教学服务。推进专业课程体系的升级改造，融合创新创业理论、技术实践等方面的内容。

（3）推进教育教学方式的融合。运用互联网信息技术，满足大学生多样化、个性化学习需求；大力改进实践教学，鼓励学生通过参加创新创业实践活动，设计开发产品等形式取得学分。

（4）大力推进专业实验室与创新创业实践平台建设的有机结合，实现平台资源的充分共享，便于问题的及时发现和有效解决。

五、建立一支内外兼修的创新创业教师队伍

当前高校教师普遍缺乏创新创业实践经历，知识结构相对单一，创新创

业实践指导能力弱等问题亟须解决。

（1）推进教师创新创业教育能力建设，优化教师评价机制。完善专业教师、创新创业教育专职教师到企业参与实践活动的模式，提升教师实践动手能力；要探索建立教师创新创业教育能力标准和课程体系，并成为教师考核、评价的重要指标。

（2）优化创新创业师资队伍结构。通过薪酬激励、荣誉激励和创新创业合作等方式，吸收具有专业背景的科学家、政策制定者和行业精英走进课堂、担任创新创业课程的授课教师或导师，引入课堂以外的新鲜要素。

（3）完善科技成果转移转化激励机制，推进科教协同育人。鼓励教师用科研成果反哺教育教学，以合同转让、入股和自主创业等形式实现科研成果商品化，鼓励教师带领学生共同创业。

六、搭建校企合作、校内外合作新模式

高校创新创业教育的社会参与度非常低，推动创新创业教育快速有效发展，必须在模式上寻求突破。

（1）利用校友，撬动社会资源。校友网络中有丰富的智力资本、人脉资本和金融资本，可以为高校创新创业教育提供全方位的支持。

（2）鼓励教师，搭建校企合作网络。高校应深化产教融合，鼓励企业以兼职师资、市场、资金和技术资源等全方位参与高校创新创业人才培养，实现校企协同育人、联合创新和共同创业。

（3）利用科研，实现技术转移转化。高校可充分利用自身技术优势，并搭建转移转化网络，通过专利信息服务、技术转移服务以及实践基地建设等形式，为大学生创新创业的技术众筹、资金募集等建立通道。

（4）开阔眼界，实现国际合作。高校要在国家教育对外开放的战略布局中有所作为，通过创新创业大师引育、联合建立创新创业实验室、参与相关国际组织以及国际创新创业竞赛和活动等方式推进创新创业教育国际化水平的不断提升。

第四节　建设创新创业人才培养模式的评价体系

一、大学生创新创业支持系统评价指标体系

评价主要是指评价主体对评价客体前期进行资料搜集，然后依据评价标准对评价客体进行价值判断；指标体系是多个子系统所构成的有机整体，彼此之间独立而联系，通过多项相关指标之间的相互作用来反映整体概况。

大学生创新创业支持系统的评价指标体系是由多个相互联系又彼此独立的指标来反映大学生创新创业支持工作的开展情况。同时，这也是对开展创新创业教育效果的一次检验。[1]

通过检验评价，能够积极地反映出在开展大学生创新创业实际工作中还有哪些不足和需要继续改善的地方，对完善大学生创新创业支持系统具有重要的意义。因此，评价指标体系应具有科学性、典型性、客观性、目的性和可操作性。

---

[1] 朱涛.高等体育院校大学生创新创业支持系统评价指标体系构建[D].济南：山东体育学院，2021.

二、评价指标体系的构建原则

（一）科学性原则

科学性原则是指在建立评价指标时，要结合实际情况，运用适当的方法对指标进行筛选，从而制订出科学的指标。可在创新创业实践的基础上，通过分析大量相关文献以及对大学生创业者、指导教师和创新创业管理者的访谈，来构建评价指标，并运用德尔菲法对指标进行完善，进而做到评价指标的构建具有科学性。

（二）典型特征原则

大学生往往根据自己的专业技能向社会提供精品化服务来进行创业。因此，对大学生创新创业的支持相较于其他学科院校支持的要素也将不尽相同，所以在构建大学生创新创业支持系统评价指标时要符合支持专业大学生创新创业典型指标特征。

（三）代表性原则

在评价指标筛选的过程中，既要全面、准确、简明，又要防止指标过多、过繁，保证指标少而精，因此当某典型指标有多个指标来反应时，应尽量选择有代表性的指标，力求指标能够反映出对大学生创新创业支持的状况。

（四）可操作性原则

可操作性原则是指在指标体系的确定上要考虑指标是否可量化或便于收集资料数据，当指标的可操作性较高时，可提高评价的工作效率，真正实现评价是为了更好地服务于大学生开展创新创业活动。

（五）全面性原则

对指标体系的设置，应尽可能从不同层次、不同层面来反应对大学生创新创业支持的状况，并且要注意客观指标与主观指标相结合。

第八章 "双创"人才培养视阈下大学生就业的路径分析

随着每年大学毕业生数目的增加，大学生就业形势不容乐观。为了充分应对这一现状，高校有必要对大学生就业进行充分的准备，给予大学生就业指导与培训，让大学生在结束大学生活之后都能够顺利就业。本章重点研究大学生就业指导模式的目标、指导思想、结构体系、组织机构、构建思路、配套措施等内容，从而为大学生就业提供理论支持。

第一节 制订大学生就业指导模式的目标与指导思想

一、加强人文教育

所谓人文教育，主要是指人文精神、人文素质、人文素养教育，这是个内涵丰富而规定性又并不确定的概念。目前对它的理解和使用，既无以往的约定俗成，亦无新近达成的共识。在西方，提倡人文素质教育已经成为各高等学校的共同主题，正如哈佛大学校长陆登庭所指出的："不论美国还是其他国家的大学都要以直接可见的经济效益证明其教育和研究的价值。大学开发研究以推动经济的发展是无可厚非的，同样，大学帮助学生寻求实用和令人满意的职业也是必要的。然而，更重要的是，大学要提供无法用金钱衡量的最佳教育，即人文教育。"[①]

牛津大学校长科林·卢卡斯（*Colin Lucas*）于2001年来北京参加清华大学90周年校庆，接受《中国青年报》记者的专访时，强调指出，世界一流大学要保持文理平衡。科林·卢卡斯先生认为，一流大学应该是在科技方面有很突出的成就，但是不能忽略其他人文方面的学科。他解释，在发展科技的

[①] 程方平. 探索21世纪中国教育创新之路：高等教育卷[M]. 天津：天津科学技术出版社，2008.

同时，不能只强调应用科学的发展，还要强调人文学科的平衡发展。否则，大学的发展就会扭曲。学术研究和伦理观念是不可分的，因为两者相互联系，相互促进。比如，新的生物技术发展得非常快，医学的研究要求必须有道德和价值观，如果没有，科学不可能得到很好的发展。

二、加强社会实践

少年儿童一年中有170多天在校外度过。2001年年初开始，全国少年利用这个时间广泛开展以"新世纪我能行"为主题的社会体验活动，收到良好的效果。例如，北京的孩子们组成一支支小队，自主选择去做一件有意义的事情，去干洗店学习熨衣服，在居民楼前学习修整草坪，到电脑中心学习操作电脑，学医疗救护，学当幼儿园的老师，等等。大连开展"小鬼当家"活动，做"环保小卫士""快乐小信鸽""少年志愿者"等等。这些体验活动，既有利于孩子们全面发展，又对他们今后步入社会、了解社会、服务社会起到积极作用。孩子们说："体验活动，使我学到了很多课堂上学不到的知识"，"我从体验活动中感受到为他人服务的光荣与快乐"，"通过亲身体验获得的快乐才是真正的快乐，通过亲身经历挫折、战胜困难之后取得的成功，才是真正的成功"。

三、加强教育的"合力"

用发生在群众身边的好人好事来教育群众，是思想道德建设的重要内容和有效方法。近年来，从中央到地方各部门，各种传媒加强合作，形成合力，运用孔繁森、李国安、徐虎、李素丽等先进人物的事迹和思想，营造一种健康向上的社会舆论氛围，引导人们自觉地以先进人物为榜样抵制一切不正确的思潮，树立正确的世界观、人生观和价值观，收到了良好的效果。例如，报刊集中宣传北京市公共汽车售票员李素丽15年如一日"立足岗位做贡献，把乘客当亲人"的"微笑服务"精神，就是很实在的、生动的教育。这是教育人们应如何在自己的岗位上正确处理个人与他人的关系的思想道德教育，效果很好。

日本中央教育审议会于2002年7月29日向文部科学相提交了一份报告，要求把高中生和大学生参加的公益活动计入学分，并分别在大学入学考试和就业过程中对参加公益活动给予积极的评价。其原因是随着都市化小家庭化和少子女化的发展，地区内的社会联系和人际关系变得淡薄了，这给青少年的成长带来了不利影响。为了加强这项工作，报告要求各中小学建立一个以校长为中心、推动学生参加公益活动的体制，并提出在校内设立与地方联办的"支援公益活动委员会"。为使参加公益活动得到应有的分数评定，报告还要求制作"青年志愿者评定手册"。

第二节 完善大学生就业指导模式的结构体系与组织机构

一、高校大学生就业指导模式的结构体系

高校大学生就业指导模式的结构体系是指由政府与社会、学校等参与、相互补充而构成，针对解决大学生就业而形成的一个体系，其基本要素是政府、学校、企业、职业介绍机构和大学生。

（一）政府

政府的职责是宏观调控，政策指导，起到统领全局的作用。在大学生的就业服务中，政府所起的作用是不容忽视的，无论是政策扶持还是资金投入，政府都有直接的干预权，其作用是基础性的和前瞻性的。在目前我国社会就业岗位不充足、高校专业设置结构不合理的前提下，政府在大学生就业指导中的主导作用尤显突出。从整个社会的视角出发，政府直接作用于宏观政策调整，人才资源配置，高校结构调整，用人单位硬性配合等各个领域之中。因此也只有国家政府真正地重视大学生的就业问题，并给予一定的政策扶持和资金投入，大学生就业难的现象才能在一定程度上得到切实的缓解。

（二）高校

高校是大学生就业指导的主要承担者，在大学生就业活动中发挥着核心作用。就业指导贯穿着大学生的整个学习生涯，指导学生选择专业和课程，了解就业市场需求，帮助大学生制订职业生涯规划，注重对大学生的职业观和与职业有关的知识、技能的培养，使大学生在对自己的个性充分了解的基础上，养成积极主动地选择和决定自己未来发展的态度和能力；并且在各个方面积极响应政府的各项政策与号召，同时又主动与用人单位联系，帮助大学生更好更快地就业，大学生的就业不仅关系到大学生自己的切身利益，也关系着高校的存亡，就业指导应是高校不可缺少的一部分。

（三）用人单位与中介机构

用人单位与中介机构也是就业指导的必要补充。用人单位作为大学生毕业后的去向，在整个大学生就业服务体系中起着不可低估的作用，用人单位的招新要求和应聘条件成为大学生备加关注的焦点。企业应积极参与到大学生就业指导中来，应加强与高校的联系，不断将自己对人才的需求以及对大学的要求提供给大学，以便大学进行相应的改革。积极为大学生提供实习、实践场所，对大学生的实习加以指导，使大学生具备更强的动手能力和实践技能，毕业后，大学生便能直接上岗，这对企业和高校来说是一件双赢的事。就业中介对大学生就业也有很大作用，也是大学生就业的主要途径之一。中介是大学生和用人单位之间的纽带，也是大学生就业服务工作的补充。[1]

（四）大学生

大学生应积极参与就业活动，发挥主观能动性。大学生综合素质的优劣也是大学生能否就业的关键因素。大学生平时就应注重提升自己的专业素质和实践技能，注意养成积极主动的思维方式和行为习惯，为在就业时积极参与、掌握主动权打下良好基础。充分运用掌握的信息技术知识和能力，获取就业情报，了解企业的基本情况，把握就业主动权，为顺利就业服务。如果说高校是"工厂"的话，那么大学生就是"产品"，"产品"质量好了，"买家"数量就会增多，从大学生自身的角度出发，大学生的就业能力、就业心理、职业规划等各个方面都存在很大的提升空间。

二、高校大学生就业指导模式的组织机构

建立新型的高校大学生全程化职业生涯规划、就业指导模式的组织机构需要实现教育、管理、服务三位一体。高校要建设良好的硬件环境，提供充足的经费、专门的就业指导场地和现代化的计算机等网络通信设备，实现学校与地区乃至全国的就业网络信息化连接。为了提高就业服务的效率，必须强化就业指导机构职能。可以根据大学生就业的需要把就业指导机构划分为四个职能部门，即就业指导部门、市场发展部门、就业信息部门及综合事务部门。

就业指导部门负责制订全校大学生就业指导与咨询的计划与目标，组织

---

[1] 孙世强. 民办高校大学生创新创业实践平台建设研究[D]. 兰州：西北师范大学，2021.

就业指导的实施和各类讲座的联系与安排，对在校生进行就业指导、咨询和职业能力测试以及职业辅导和发展理论的研究等工作。

市场发展部门负责联络用人单位，向社会与企业宣传学校及学校的学生资源，不断扩展优秀企业加入需求本校大学生的行列，密切与用人单位的联系，使之成为本校毕业生工作以及就业实习的常年基地，向企业与有关人事部门提供学生资料，安排校园招聘活动以及与就业有关的各类讲座，进行用人单位资料库的管理。

就业信息部门负责提供就业中心所有信息的发布与联络，维护平台以及提供可靠的技术支持，负责就业软件开发、更新与维护。

综合事务部门负责就业协议签证、改派外地生源进入本地的签发、报到证的发放、管理及派遣事务、户籍转移计划的审定与操作、毕业生档案及组织关系转移等工作。就业指导机构的服务目标是整合学校资源，调动社会力量，推进毕业生就业机制和体制改革，将就业工作的中心由管理向服务与指导转移。

第三节　构建大学生就业指导模式的基本思路

一、更新我国高校大学生职业生涯观念

（一）认清自己，自我分析

大学生在设立职业生涯目标之前，首先要认清自己，进行自我分析。俗话说，知己知彼，百战不殆。可见，知己是首要。所谓自我分析，是指对自

我理性、深刻、全面的分析，它比自我介绍更深刻，同时又包含自我评价的内容。步入了高校的大门，自主选择了专业，也就确定了今后择业的大方向。随着知识的积累、视野的开阔、阅历的增加，每个人都在不断地变化、进步，自我分析也应该不断地更新。通过分析自己的性格、兴趣爱好、专业技术等方面的优缺点，衡量出自己想干什么、能干什么、准备了什么等，明确哪些工作能够规避自己的短处而发扬自己的长处，进而为职业生涯目标的确定打下一个良好的基础。

（二）目标设立合情合理，符合实际

设立职业生涯目标不是一蹴而就的事，它需要沉下心来长时间仔细思考。目标必须立足现实。我们常常会误认为目标定得越高越好，觉得目标定高了，哪怕完成80%，也是不错的成绩。事实上，好高骛远的目标只会让人迷失方向，信心锐减，意志消沉。相反，倘若目标设定量体裁衣，并将长期目标设定成一个个中期目标，将中期目标设定成一个个短期目标，把这些一个个量化的具体目标当作人生旅途上的里程碑，把行动与目标不断地加以对照，清楚自己与目标的差距，就会将目标化成拼搏的动力，激发出自身潜在的机能，在奋进中更加自信、积极、乐观、从容，克服一切困难，顺利抵达理想的境地。[①]

任何事物的发生和发展过程都不是一成不变的，职业生涯目标的设立亦是如此。职业生涯规划是长期持续的过程，随着环境和自身的变化，需要不断地进行评估与修改。这不仅是对自己不断认知的过程，也是对社会不断认知的过程，是使职业生涯规划更加有效的有力手段。

---

① 茹秋平. 我国大学生创新创业政策研究[D]. 广州：华南理工大学，2019.

二、确立高校大学生就业指导工作的新理念

（一）以学业为基础

学业，是指大学生在大学期间应该在德智体等方面提升自己的诸多素质。它不仅包括专业学习，更包括思想道德素质培养、文化知识技能掌握、个人综合素质提高、创新意识、动手能力的训练等各方面。我们要对全体高校大学生传达这个概念：学业是职业生涯的起点，是就业和事业发展的基石。学业不好，就不能就业，更谈不上创造事业。

（二）以职业生涯规划为导向

现在许多高校对新生进行心理测试，了解大学生的心理状况，对开展大学生思想政治工作起到很好的作用。若能把职业生涯规划教育前移到高中阶段，或者学生进入高校即开展学生性格与职业匹配的测试，指导并允许部分学生及时调整专业，无疑将极大调动大学生的学习兴趣和主观能动性，全面提高学习质量。

（三）以就业为前提

就业是连接学业与事业的桥梁，是它们的关节点。一方面，高校大学生了解就业市场导向，就会积极努力提升自己的学业，找准专业方向，促进学业进步；另一方面，如果顺利实现了就业，就为通向事业成功之路做了铺垫。如果不能顺利就业，就无法踏上走向成功的阶梯。所以，为日后成就事业，首先要就业。而为了顺利就业，就要搞好学业。

（四）以事业为目标

对高校大学生进行就业指导，就是要帮助他们尽早地了解职业发展倾向

和潜能，培养职业发展能力和素质，规划职业发展战略和道路。高校大学生实现自己的价值，也就会体现高校价值，创造社会价值，达到学生、高校、社会协调发展的良好局面。这无疑是以自己优秀的学业、顺利地就业为基础的。

第四节 提供大学生就业指导模式的配套措施

一、建立好与人才市场互动的大学生就业市场

大学生就业市场的开阔与否是影响高校大学生能否充分就业的决定性因素，是高校大学生就业率高低的关键所在。就业市场的开拓与建设，既是高校大学生就业工作的重点，又是高校大学生就业工作的一大难点。高校要做好毕业生就业工作，必须树立市场观念，具有营销意识，必须高度重视大学生就业市场的开拓与建设，努力为毕业生和用人单位构建一个宽广的双向交流的平台。高校应积极培育和建立以政府为主导、以学校为基础的大学生就业市场，具体思路和做法可以广开门路，努力拓宽就业渠道与就业空间，集中精力，做好有形市场与无形市场的有机结合。

在市场开拓方面，高校的重点是做好"广开门路"，应通过多种途径、多种渠道极大限度地挖掘、开发就业市场，广泛地收集大学生就业需求信息，具体的途径既可通过信函广泛收集大学毕业生需求信息，又可通过网络和通信提高与用人单位联络的效率；还可通过各种媒介大力宣传大学生生源信息。我们要充分发挥现有的高校大学生就业市场、人才市场和劳动力市场的作用，逐步建立并完善高校毕业生社会服务体系，高校还可借助人才市

场，大力开发高职毕业生、专科毕业生的就业市场。为了提高专科毕业生、高职毕业生的就业率，高校就业指导中心在市场开拓方面可以做一些大胆的尝试，通过与人才市场的交流与合作，推行市场化运作模式，这样既可以减轻高校的就业压力，也可以相对节约毕业生的就业成本。另外，高校有必要通过调研，加强与用人单位的合作与沟通。

二、为大学生求职提供权益保护

由于大学毕业生就业市场还不够规范，有的用人单位也往往从自我利益出发，侵犯毕业生的合法权益。知法守法护法是对每一个公民的基本要求，大学毕业生在就业过程中，如个人合法权益受到侵犯，应勇敢地拿起法律武器来保护自己的权益。对自身权益的保护主要通过以下途径来实施（图8-1）。

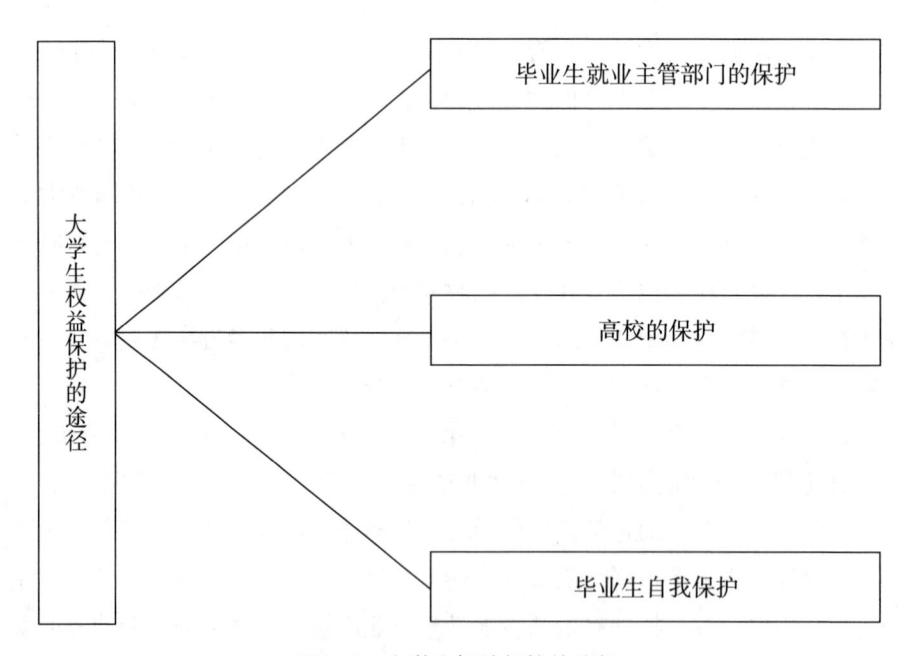

大学生权益保护的途径
- 毕业生就业主管部门的保护
- 高校的保护
- 毕业生自我保护

图8-1　大学生权益保护的途径

第八章 "双创"人才培养视阈下大学生就业的路径分析

（一）毕业生就业主管部门的保护

毕业生就业主管部门可通过制定相应的规范来确保毕业生的权益，并对侵犯毕业生权益的行为进行抵制或处理。

（二）高校的保护

高校可以通过制定各项措施来规范毕业生的就业指导和就业推荐，对于用人单位在录用毕业生过程中的不公平、不公正行为，学校有权予以抵制，以维护毕业生公平享受录用权。

（三）毕业生自我保护

大学毕业生权益维护是一个系统工程，其中毕业生是根本因素。每一位大学毕业生都要学会依靠自身力量维护自己的权益，不应当过度依赖学校和社会组织。因此，毕业生要增强自身的保护意识，学会用法律手段维护自身合法利益。

1. 增强自身的保护意识

第一，毕业生应对国家有关毕业生就业的相关政策法律等有深入了解，这是大学生能够进行自我保护的前提。

第二，大学生应该自觉遵守有关法律法规对自己的制约，同时不侵犯其他毕业生的合法权益。

第三，在用人单位接收大学毕业生的过程中，大学生也应该进行自我保护，对侵犯自己合法权益的行为坚决抵制。

第四，在自己的合法权益被侵犯时，大学生要学会运用法律武器保护自己。

2. 增强自身的诚信意识

大学毕业生在就业求职的过程中，无论是自荐、应聘、面试、笔试，还是洽谈就业意向，都应本着诚实守信、平等优先的原则，以自身实力参与竞争。

3. 增强自身的证据意识

大学生一定要有证据意识，因为法律是靠证据来说话的，所以，大学生凡事要多留心，留好证据，如单位招聘时的海报，与单位往来的传真、邮件等，以便将来在仲裁或诉讼时用以支持自己的观点。

4. 增强自身的维权意识

大学生在就业过程中其就业权益遭遇侵害的情况时有发生，我国古语说，天助自助者，大学生要不断增强维权意识，切实维护自己的合法就业权益。

参考文献

[1] 白洪奎.大学生求职与创业[M].长春：吉林人民出版社，2003.

[2] 陈忠平，董芸.新形势下高校创新创业教育[M].北京：冶金工业出版社，2019.

[3] 程方平.探索21世纪中国教育创新之路：高等教育卷[M].天津：天津科学技术出版社，2008.

[4] 邓曦东，吴立生.大学生就业指导[M].北京：中国国际广播出版社，2003.

[5] 关晓丽，等.大学生就业指导[M].北京：中国税务出版社，2000.

[6] 姜力源，张镝.职业生涯规划与就业创业[M].北京：中国医药科技出版社，2018.

[7] 姜相志，吴玮.新编大学生就业指导[M].哈尔滨：哈尔滨工程大学出版社，1999.

[8] 蒋胜祥.大学生就业指导[M].杭州：浙江科学技术出版社，2003.

[9] 李范成.高校大学生就业指导问题研究[M].哈尔滨：哈尔滨工程大学出版社，2016.

[10] 李敏义，邵丙军，袁冰岩.学业 择业 创业[M].哈尔滨：东北林业大学出版社，2001.

[11] 李晓波，杨志春，徐惠红，王飞，庄蕾.大学生职业生涯规划与发展[M].2版.北京：化学工业出版社，2014.

[12] 林洪平，吴厚福.新世纪大学生就业指南[M].上海：上海财经大学出版社，2000.

[13] 林钧敬.知识创业：大学生创业指南[M].北京：高等教育出版社，2001.

[14] 刘新玲，等.大学生就业导航[M].厦门：厦门大学出版社，2000.

[15] 刘钟新.大学生就业导论[M].武汉：武汉测绘科技大学出版社，1999.

[16] 罗开元.大学生就业简论[M].北京：中国人民公安大学出版社，2003.

[17] 钱建国.大学毕业生就业指南[M].武汉：武汉大学出版社，1999.

[18] 孙凌云.大学生就业指导与创新创业教育[M].济南：山东人民出版社，2018.

[19] 汪歙萍，熊丙奇.大学生创业[M].上海：上海交通大学出版社，2001.

[20] 王春燕，华霞.就业与创业指导[M].南京：江苏凤凰科学技术出版社，2018.

[21] 王庆洲.大学生创业与就业指导[M].天津：天津科学技术出版社，2019.

[22] 王佳，姚圆鑫，张成先，胡颖杰，孔晓晓.大学生职业规划与就业指导[M].北京：国家行政学院出版社，2016.

[23] 魏发辰.创新创业与就业导论[M].北京：北京交通大学出版社，2019.

[24] 杨公科，孟野，雷五兰.当代大学生就业方略[M].西安：陕西科学技术出版社，2003.

[25] 赵居礼.大学生就业与创业指导教程[M].北京：机械工业出版社，2001.

[26] 周晓宏.就业·创业·成功：大学生必读[M].北京：中国劳动社会保障出版社，2003.

[27] 朱爱胜.大学生就业与创业导论[M].北京：高等教育出版社，2008.

[28] 朱选朝.大学生就业创业[M].上海：上海交通大学出版社，2018.

[29] 曹玉枝.教育部召开支持大学生创新创业部际工作座谈会[J].汽车维护与修理，2021（24）：3.

[30] 陈颖，胡振宇.中医药专业大学生创新创业能力评价体系研究[J].光明中医，2022，37（2）：337-341.

[31] 靳艳.产教融合视阈下大学生创新创业能力培养研究[J].中国市场，2021（35）：75-76.

[32] 李耀富.新时期高校大学生创新创业的理论与实践研究：评《大学生创新创业理论与技能指导》[J].教育发展研究，2021，41（23）：85.

[33] 李莹.新态势下大学生创新创业与生态饲料产业融合发展路径探析[J].中国饲料，2021（24）：143-146.

[34] 梁经伟，陈丽，汤志华.江苏省大学生创新创业现状、问题及提升对策研究[J].创新创业理论研究与实践，2021，4（23）：192-195.

[35] 刘国仕.基于高校资源配置效率的大学生创新创业潜力测评系统设计[J].现代电子技术，2021，44（24）：83-86.

[36] 刘罗，陈彬，等.地方高校英语类专业大学生创新创业能力培养现状调查研究：以湖南科技学院为例[J].科技与创新，2021（24）：82-84.

[37] 吕华鲜，于长乐，谢玉洁."互联网+"大赛对大学生创新创业能力提升的调查研究：以桂林理工大学为例[J].职业技术，2022，21（2）：67-72.

[38] 马寰.XR扩展现实在大学生创新创业路演中的应用研究[J].包装工程，2021，42（24）：191-197.

[39] 庞芳琪."双创"人才培养视域下大学生创业就业对策探究[J].辽宁经济管理干部学院学报，2021（6）：83-85.

[40] 石敏.虚拟商业社会环境跨专业综合实训课程的构建研究：基于提升大学生创新创业能力视角[J].高教学刊，2021，7（34）：31-35.

[41] 舒友，唐江珍，等.优化应用型本科高校大学生创新创业精神培育路径的思考：以怀化学院为例[J].创新创业理论研究与实践，2021，4（23）：15-17.

[42] 许峰.大学生创新创业对东北地区经济促进作用分析[J].中国市场，2022（2）：27-28.

[43] 杨良军，丁宁馨，吴世杰.新媒体时代大学生创新创业能力培养探究[J].老字号品牌营销，2021（13）：176-178.

[44] 印鹏. 产教融合视域下大学生创新创业能力培养路径研究[J]. 产业与科技论坛, 2022, 21 (4): 114-115.

[45] 张光伏. 大学生创新创业能力培育策略探讨[J]. 产业与科技论坛, 2022, 21 (1): 120-121.

[46] 张海燕. "互联网+" 大赛背景下大学生创新创业培养研究[J]. 现代交际, 2021 (23): 75-77.

[47] 张后群, 卓国荣, 等. 当代大学生创新创业实践的益处[J]. 现代畜牧科技, 2021 (12): 26-27.

[48] 郑湛, 万小倩. 基于创新创业系统认知的大学生创新创业能力培养[J]. 信息与管理研究, 2021, 6 (6): 59-73.

[49] 蔡威. "互联网+" 视角下大学生创新创业教育教学模式设计应用研究[D]. 长春: 东北师范大学, 2020.

[50] 程彬. 体育专业大学生创新创业教育现状、存在问题及对策研究[D]. 烟台: 鲁东大学, 2019.

[51] 丁诗雨. 大学生创新创业政策实施问题研究[D]. 乌鲁木齐: 新疆农业大学, 2020.

[52] 董鲁菲. 大学生创新创业团队绩效的影响因素研究[D]. 石河子: 石河子大学, 2020.

[53] 黄馨平. 我国大学生创新创业政策的多源流分析及完善路径研究[D]. 昆明: 云南师范大学, 2021.

[54] 姜雯. 政府对大学生创新创业扶持政策的研究[D]. 南京: 南京理工大学, 2020.

[55] 蒋欣. 大学生创新创业之高校服务体系优化研究[D]. 徐州: 中国矿业大学, 2021.

[56] 康亚京. 基于大学生创新创业数据的研究分析[D]. 北京: 北京邮电大学, 2020.

[57] 李岸. 大学生创新创业项目管理系统的设计与实现[D]. 南宁: 广西大学, 2021.

[58] 王逸. "互联网+" 背景下安徽省高校体育专业大学生创新创业理论探索与实践路径研究[D]. 安庆: 安庆师范大学, 2021.

参考文献

[59] 林明秀.广州市大学生创新创业激励政策协同优化研究[D].兰州：兰州大学，2020.

[60] 茹秋平.我国大学生创新创业政策研究[D].广州：华南理工大学，2019.

[61] 盛红梅.新时代大学生创新创业价值观研究[D].长春：东北师范大学，2020.

[62] 孙世强.民办高校大学生创新创业实践平台建设研究[D].兰州：西北师范大学，2021.

[63] 王鹏.高职大学生创新创业大赛现状分析与"四位一体"创新创业教学模式构建研究[D].桂林：广西师范大学，2021.

[64] 张文礼.基于区块链技术的大学生创新创业信息数据服务平台的设计与实现[D].南京：南京师范大学，2020.

[65] 张莹.河北高校图书馆服务大学生创新创业现状调查及对策研究[D].保定：河北大学，2021.

[66] 张晗.扶持新就业形态发展的公共政策研究[D].哈尔滨：哈尔滨商业大学，2021.

[67] 赵亚宁.大学生创新创业训练计划项目质量影响因素及实证研究[D].保定：河北大学，2020.

[68] 朱涛.高等体育院校大学生创新创业支持系统评价指标体系构建[D].济南：山东体育学院，2021.

[69] 朱滢."双一流"高校图书馆面向大学生提供创新创业服务研究[D].福州：福建师范大学，2020.

[70] 吴小平.重视适应型双创人才培养[N].江西日报，2021-12-08（10）.